本书受国家社科重大项目"新时期中国产业与贸易政策协同发展机制与实施路径研究"及教育部人文社会科学研究青年项目"资源性商品价格形成机理、波动规律和中国的定价权研究——基于产业链治理的视角（12YJC790037）"资助

# 中国能源市场结构及其调整效应与定价权研究

方建春　吴宛珊　臧微 / 著

中国财经出版传媒集团
经济科学出版社
Economic Science Press

## 图书在版编目（CIP）数据

中国能源市场结构及其调整效应与定价权研究／方建春，吴宛珊，臧微著．—北京：经济科学出版社，2018.12

ISBN 978-7-5141-8251-4

Ⅰ.①中… Ⅱ.①方… ②吴… ③臧… Ⅲ.①能源经济-市场结构-研究-中国 ②能源价格-研究-中国 Ⅳ.①F426.2

中国版本图书馆 CIP 数据核字（2017）第 158860 号

责任编辑：杜　鹏　王冬玲
责任校对：杨晓莹
责任印制：邱　天

**中国能源市场结构及其调整效应与定价权研究**

方建春　吴宛珊　臧　微／著

经济科学出版社出版、发行　新华书店经销

社址：北京市海淀区阜成路甲 28 号　邮编：100142

总编部电话：010-88191217　发行部电话：010-88191522

网址：www.esp.com.cn

电子邮件：esp@esp.com.cn

天猫网店：经济科学出版社旗舰店

网址：http://jjkxcbs.tmall.com

固安华明印业有限公司印装

710×1000　16 开　9.5 印张　200000 字

2018 年 12 月第 1 版　2018 年 12 月第 1 次印刷

ISBN 978-7-5141-8251-4　定价：49.00 元

(图书出现印装问题，本社负责调换。电话：010-88191510)

(版权所有　侵权必究　打击盗版　举报热线：010-88191661

QQ：2242791300　营销中心电话：010-88191537

电子邮箱：dbts@esp.com.cn)

# 前　言

　　中国在 2015 年巴黎召开的气候大会上承诺 2030 年碳排放将达到峰值。在碳排放的约束下，中国的能源结构必须进行调整。能源结构调整主要分为两个方面：一是国内能源市场结构；二是能源消费结构。这两方面的结构调整不但有利于提升能源效率，还有利于减轻环境污染和碳减排压力，更有利于提升中国在国际能源市场的话语权。本书首先考察国内能源消费结构现状及其国际比较；其次分析国内能源市场结构中的能源市场分割状况及其影响；再次分析在碳排放峰值约束下中国能源结构调整及其经济效应；最后以石油为例，考察中国在国际石油市场定价权的大小。通过对能源结构调整及其对国内外经济影响效应的研究，既有助于把握中国能源市场结构和消费结构变动的发展趋势，也有助于提升节能减排政策实施的有效性以及中国在国际能源市场的定价权。

　　本书首先考察了中国能源结构现状和消费结构的发展趋势，并对比了世界主要国家能源消费结构的特点，为判断中国能源消费结构走势提供参考。然后定量考察了中国能源市场结构中最为突出的特征，即能源市场分割的显著及其影响。研究结果表明，中国存在显著的能源市场分割，这不但影响资源的配置效率，还约束了全要素能源效率的提升。接着构建了中国能源消费结构的马尔科夫链预测模型，根据碳排放的约束求出转移概率，给出了能源结构调整的路径。煤炭的消费比重将逐年递减，石油比重维持稳定，天然气和非化石能源比重逐年递增。2030 年四种能源消费比例依次为 48.26%、15.11%、16.19%、20.44%。其次本书研究能源消费结构调整导致的能源成本变动对中国经济增长的影响。依据柯布-道格拉斯生产函数理论构建面板数据模型，采用 1993~2014 年 36 个工业行业的数据，进行回归分析。结果显示，能源成本的提高对工业增加值的增长具有负面影响。能源综合价格每提高1%，整个工业行业的增加值将减少0.3916%，而能源密集型行业受到的影响最大，其工业增加值将减少1.0075%。非能源密集型行业以高新技术产业为主，受到的影响较小，其工业增加值减少仅为0.3277%。

  本书又以石油市场为例，考察了中国在国际能源市场定价权的大小。研究结果表明，上海期货交易所的燃料油期货交易品种已经成为全球最重要的期货交易品种，也成为全球定价重要的参考指标。中国利用大市场优势已经逐步取得与其需求份额相称的定价权。

  最后本书根据研究结果提出了降低能源市场分割程度、改善能源消费结构、利用碳排放规模优势积极发展能化共轨技术以及能源合同管理等新兴能源服务业等政策建议。

  本书是教育部人文社会科学研究青年项目"资源性商品价格形成机理、波动规律和中国的定价权研究——基于产业链治理的视角（12YJC790037）"及国家社科重大项目"新时期中国产业与贸易政策协同发展机制与实施路径研究"的研究成果，我的硕士生刘林香、韦宁参与了书稿的写作和项目的完成。具体分工为：第1章，方建春、韦宁；第2章，韦宁、刘林香；第3章，方建春、韦宁；第4章，方建春、刘林香；第5章，方建春、韦宁；第6章，韦宁；第7章，方建春、韦宁；第8章，吴宛珊、方建春；第9章，吴宛珊、方建春、韦宁、刘林香。浙江大学博士生、浙江工业大学副教授吴宛珊参与了书稿的写作，天津商业大学理学院臧微博士参与了本书的统稿等工作，由于水平有限，还请同行批评指正，但文责自负。

方建春<br>2018年10月

# 目 录

**第1章 绪论** ······ 1
  1.1 研究的背景和意义 ······ 1
  1.2 研究内容和框架 ······ 4
  1.3 研究方法 ······ 6
  1.4 研究的创新点与难点 ······ 8

**第2章 文献综述** ······ 9
  2.1 碳排放峰值 ······ 9
  2.2 马尔科夫链的应用 ······ 11
  2.3 能源结构研究现状 ······ 14
  2.4 节能减排和能源结构调整的影响效应 ······ 17
  2.5 市场分割水平、决定因素及其影响 ······ 20
  2.6 小结 ······ 27

**第3章 中国能源结构现状及国际比较** ······ 29
  3.1 能源结构现状 ······ 29
  3.2 能源消费结构变化趋势 ······ 30
  3.3 中国能源强度变化趋势 ······ 35
  3.4 世界主要国家能源消费结构 ······ 37
  3.5 我国能源结构的特点 ······ 39

**第4章 中国能源市场分割对全要素能源效率的影响分析** ······ 41
  4.1 能源市场分割水平的测度 ······ 41

4.2 全要素能源效率测度 …………………………………… 48
4.3 市场分割对能源效率影响效应 …………………………… 58
4.4 小结 ……………………………………………………… 67

## 第5章 中国碳排放现状及碳排放峰值条件分析 …………… 71
5.1 二氧化碳排放的测算方法 ………………………………… 71
5.2 我国的碳排放现状 ………………………………………… 72
5.3 碳排放峰值的理论和条件分析 …………………………… 75
5.4 发达国家 $CO_2$ 排放总量达到峰值的情况 ………………… 78

## 第6章 碳排放峰值约束对能源结构调整的实证分析 ……… 81
6.1 马尔科夫链模型理论 ……………………………………… 81
6.2 无碳排放约束下的能源结构演变 ………………………… 83
6.3 碳排放约束下的能源结构演变 …………………………… 85
6.4 碳排放分析 ………………………………………………… 88
6.5 小结 ………………………………………………………… 90

## 第7章 能源结构调整的经济效应实证分析 ………………… 92
7.1 理论模型构建 ……………………………………………… 92
7.2 计量模型构建 ……………………………………………… 94
7.3 面板数据分析 ……………………………………………… 95
7.4 面板数据模型选择 ………………………………………… 98
7.5 实证结果分析 ……………………………………………… 100
7.6 能源价格变化对工业增加值的影响 ……………………… 105

## 第8章 能源结构调整与中国在石油等国际能源市场的定价权研究 ……………………………………… 108
8.1 国际石油市场的价格形成机理 …………………………… 108
8.2 中国与国际石油市场期货价格的引导关系 ……………… 111
8.3 基本结论 …………………………………………………… 120

8.4 本章小结 ………………………………………………… 121

## 第9章 结论与政策建议 ………………………………………… 124
9.1 研究结论 ………………………………………………… 124
9.2 政策建议 ………………………………………………… 127

**参考文献** ………………………………………………………… 129

# 第1章

# 绪　论

## 1.1 研究的背景和意义

环境问题是每个国家密切关注的。每个经济体在发展经济的过程中都面临着碳排放污染环境的问题。我们正在寻求一个绿色发展的通道，既保证经济平稳地增长，又不对环境造成不可修复的破坏。进入20世纪，环境污染问题一直困扰着中国，尤其是碳排放严重污染环境。我国适时地提出了可持续发展战略。可持续发展的要求之一就是减少排放物对环境的污染。2014年11月，中美双方在北京发布《中美气候变化联合声明》，两国领导分别宣布了未来一段时间本国在应对气候变化方面应该实施的措施。中国计划2030年左右二氧化碳排放量达到峰值且尽早实现目标。2015年11月30日，国家主席习近平在巴黎出席气候变化巴黎大会开幕式并发表题为《携手构建合作共赢、公平合理的气候变化治理机制》的重要讲话，强调各方要展现诚意、坚定信心、齐心协力，推动建立公平有效的全球应对气候变化机制，实现更高水平全球可持续发展，构建合作共赢的国际关系。习近平强调，中国一直是全球应对气候变化事业的积极参与者，目前已成为世界节能和利用新能源、可再生能源第一大国。中国将落实创新、协调、绿色、开放、共享的发展理念，形成人与自然和谐发展现代化建设新格局。

我国在降低单位GDP碳强度方面走在世界的前列，巴黎气候大会上我国提出的目标之一是，到2030年单位GDP二氧化碳排放较2005年下降60%~65%。每年单位GDP碳强度下降速度要高于2020年的目标，必须达到4%以上。我国提出的目标之二是，到2030年能源消费结构中非化石能源占比达到20%，2030年我国大概需要消费60亿吨标准煤的能源。要实现20%的目标，也就是要满足约12亿吨标准煤的非化石能源供应，这数量与目前日本、法国和英国能源总消费量之和相当，数字是非常之大的。我国非化石能源需求从2010~2030年要增加4倍以上，年增速必须达7%~8%。我国提出的目标之三是，到2030年，二氧化碳排放达到峰值并争取尽早达峰。要在2030年实现碳排放达到峰值，意味着我国必须放弃目前粗放型占主导的经经济增长方式，走可持续发展道路，实现绿色发展、低碳发展。我国必须大规模发展清洁能源来满足经济增长需要，才能使化石能源不再增长，新能源需求由非化石能源占主导。我国目前的能源消费结构是不合理的，化石能源占绝大部分，导致经济发展过程中排放出大量的含碳污染物。

欧美等发达国家由于比较早的进行工业革命，他们在20世纪70年代率先实现了碳排放达到峰值。德国和法国的碳排放量都分别在1979年和1980年达到了峰值。由于页岩气的成功开发，美国二氧化碳排放量在2007年达到了峰值。发展中国家由于还处于经济高速发展阶段，科技水平相对落后，每年碳排放量呈现增长的状态。中国作为世界上最大的发展中国家，经济处于飞速发展阶段，中国在2007年碳排放量超过了美国，成为碳排放量最大的国家。随着经济的增长，科学技术的进步，以及国家的高度重视，在未来20年，中国必将走出一条可持续发展的道路。中国承诺在未来一段时间在碳减排工作方面在全球做出巨大贡献，实现更高水平的全球可持续发展。中国在2030年经济不仅达到中等发达国家水平，同时也要实现碳排放峰值。"十三五"规划中，中国明确提出了经济发展"新常态"，中国经济要转型，由粗放型向集约型转变。更加注重环保，强调绿色发展，低碳发展经济，即提高能源利用效率，降低能源强度，降低单位 GDP 碳排放强度。

2030 年碳排放峰值约束无疑会对中国的经济和能源结构带来重大影响。本书在国家提出 2030 年碳排放达到峰值的背景下，研究碳排放峰值约束对中国能源结构调整的效应。中国为了在 2030 年实现碳排放峰值，必须降低化石能源的比重，尤其是减少煤炭的比重，同时增加非化石能源的比重，更多地使用水能、风能、核能等无碳排放清洁能源。碳排放峰值约束不仅对能源结构形成调整，也对中国的经济有很大的影响，从产业角度来分析，碳排放强度大的产业必将被削减，但是这些产业大多数是劳动密集型产业，因此就业会受到影响。碳排放峰值约束对能源结构调整的效应是很复杂的，因为经济的各个方面都是互相影响的。研究碳排放峰值约束的效应，可以很好地帮助国家解释 2030 年碳排放峰值的意义。2030 年碳排放峰值约束对中国能源结构和中国经济将会有怎样的影响，以及影响路径，这些问题都是本书将要回答的。

二氧化碳排放峰值，以及能源结构都有很多学者研究过，但是他们没有将碳排放峰值和能源结构两者结合起来进行研究，也没有考虑碳排放约束和能源结构调整对宏观经济的影响，以及对社会经济承受能力的考验。本书将两者结合起来，研究碳排放峰值约束对中国能源结构调整效应。本书首先分析实现碳排放峰值的条件，其次利用马尔科夫链模型预测在碳排放峰值约束下中国能源结构的调整，最后基于面板数据模型研究中国能源结构调整对经济的影响。本书最终的成果是在 2030 年碳排放峰值的约束下我国能源结构如何调整，以及能源结构调整对经济造成的影响。中国总体上还要面对 20% 的工业化、20% 的城镇化、20% 的能源结构调整。本书的成果可以为国家未来 20 年的经济发展献计献策，提出碳排放约束下中国能源结构调整的路径并针对节能减排政策的实施给出指导性的建议。

## 1.2 研究内容和框架

本书的研究技术路线如图1-1所示。

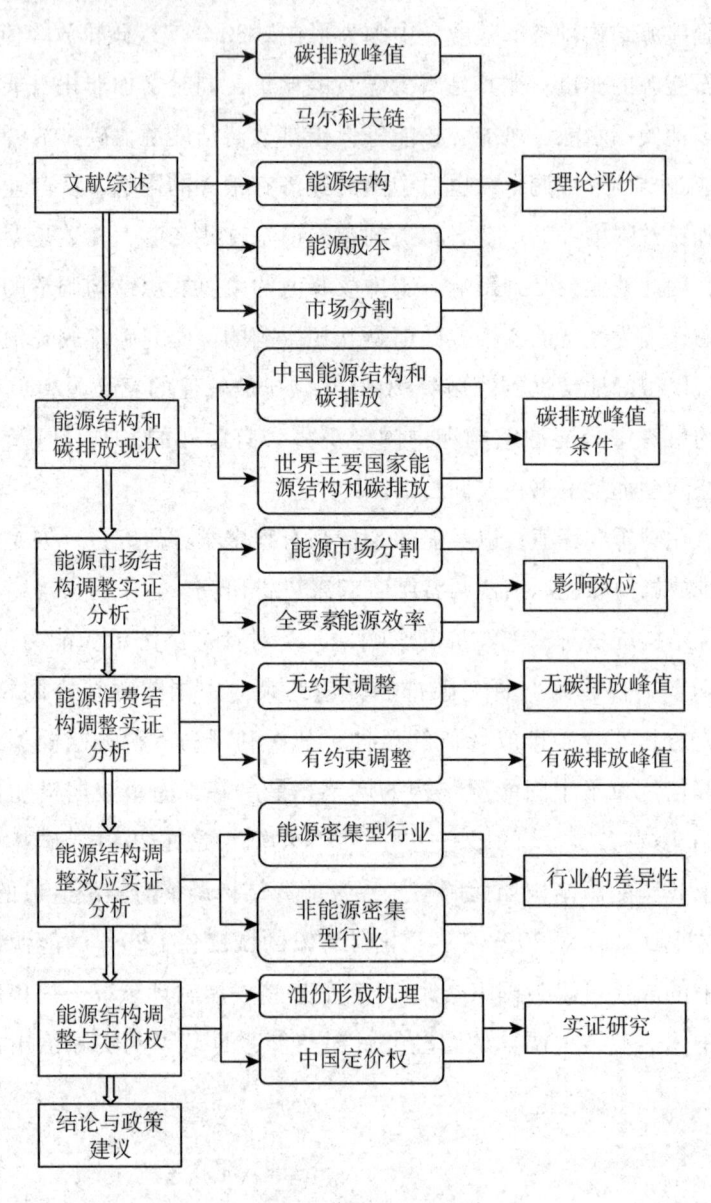

图1-1 技术路线

第 1 章　绪　论

本书是在中国 2030 年二氧化碳排放量实现峰值的背景下提出了我国能源结构调整的效应。通过实证分析研究能源结构的变动，以及对经济的影响。本书共九章。各章主要内容如下：

第 1 章，绪论。主要介绍本书研究的背景。《巴黎协定》在巴黎气候会议上的通过作为本书的研究背景。在我国承诺 2030 年碳排放达到峰值的约束下，本书的研究意义在于提供我国能源市场结构和能源消费结构调整的路线，以及能源结构调整对各行业带来的影响。然后介绍本书的研究方法和内容、创新点和不足之处。

第 2 章，文献综述。对本书研究涉及的理论知识做分类归纳。首先收集国内外对碳排放峰值研究的成果，总结出碳排放峰值的相关理论。其次介绍马尔科夫链预测模型，归纳该模型各领域的应用。最后分析能源结构研究的现状，总结研究成果，指出其中的不足。此外，本书还考察了能源市场结构的研究现状，主要是能源市场分割及其影响，回顾能源结构调整效应研究的相关文献，归纳国内外学者的研究方法。

第 3 章，中国能源结构现状及国际比较。主要介绍了我国以及世界主要国家的能源结构现状，通过对比发现我国能源结构存在的问题。通过历年数据分析我国能源结构的演变趋势，分析煤炭、石油、天然气和非化石能源占比的变化趋势和特点。通过回顾发达国家能源结构演变的历史，展望我国未来一段时间能源结构的变化方向。

第 4 章，中国能源市场分割对全要素能源效率的影响分析。首先在定量考察能源市场分割状况的基础上，考察了中国全要素能源效率水平，并定量研究了能源市场分割等众多影响能源全要素效率的因素。以考察中国能源市场分割状况对经济的影响效应，进而考察对全要素能源效率的影响。

第 5 章，中国碳排放现状及碳排放峰值条件分析。首先介绍二氧化碳排放测算常用方法，分析我国碳排放的现状。其次回顾了碳排放峰值理论，从碳排放强度、人口增长率、能源消费增长率之间的关系分析碳排放峰值出现的条件。最后分析发达国家碳排放峰值出现时的情景。

第6章，碳排放峰值约束对能源结构调整的实证分析。介绍马尔科夫链理论，利用以往的能源结构数据，得出在无约束下的马尔科夫链模型转移概率。在碳排放的约束下求出新的转移概率。利用马尔科夫链模型分别在无碳排放约束和有碳排放约束的情景下，预测我国能源结构调整的路线。对比两种能源结构调整下的碳排放。

第7章，能源结构调整的经济效应实证分析。根据柯布－道格拉斯生产函数，建立理论模型。结合本书的研究目的，依据理论构建以面板数据为基础的计量模型。本书选取了我国工业36个行业1993~2014年的数据，通过面板数据模型实证分析，分别得出能源成本变动对整个工业行业、能源密集型行业和非能源密集型行业的工业增加值的影响。

第8章，能源结构调整与中国在石油等国际能源市场的定价权研究。首先考察了国际油价的形成机理，然后以上海燃料油为例，考察中国在国际燃料油期货市场的定价权状况。

第9章，结论与政策建议。总结本书的研究结果，指出中国能源结构现状和调整路径，能源结构调整对各类行业的经济效应。针对中国能源消费结构的调整以及经济的转型，本书提出了几点建议，包括降低能源市场分割水平、降低煤炭消费比例、加大对新能源技术研发的投入、提高高新技术产业的比重，大力发展能化共轨技术和能源合同管理等第三方新兴能源服务业等政策建议。

## 1.3 研究方法

### 1.3.1 理论分析

通过对相关文献的归纳总结，得出能源结构调整的机制以及能源成本变动对工业增加值影响的机理。本书总结了马尔科夫链理论、碳排放峰值理论、面板数据模型构建理论、能源结构和碳排放关系的研究理论以及能源成本和经济发展关系的研究理论。

### 1.3.2 比较分析

通过比较我国的能源结构和其他国家的能源结构，发现我国能源结构现状存在的问题。通过比较我国目前的碳排放量和世界主要国家的碳排放量，分析我国目前面临着碳排放高企的严峻形势。通过对比有无碳排放约束，得出不同情景下的能源结构演变路线，突出碳排放峰值约束对我国能源结构调整的影响。通过比较能源密集型行业和非能源密集型行业，解释能源成本对工业增加值影响的行业异质性。

### 1.3.3 总体分析与部分分析相结合

在研究能源成本变动对经济发展造成的影响时，本书首先以整个工业行业的面板数据为基础，研究能源价格变动对工业增加值的影响系数。其次将36各行业划分成能源密集型行业和非能源密集型行业，分别构建两个面板数据，研究能源结构变动对各自工业增加值的影响系数。通过总体分析与部分分析的结合，发现解释变量影响的机理。

### 1.3.4 实证分析

根据历年的能源消费数据，计算出能源结构的马尔科夫链转移概率矩阵，进而求出能源结构变化的趋势。以36个行业22年的面板数据为基础，构建计量模型，使用Eviews软件对模型进行回归分析，得出各解释变量对工业增加值的定量影响，并定量考察了中国能源市场分割状况及其对全要素能源效率的影响，分析了中国在国际燃料油期货市场的定价权状况。

## 1.4 研究的创新点与难点

本书的创新点：

1. 选题创新。本书研究的背景是中国在巴黎气候会议上做出了2030年碳排放达到峰值的承诺。改革开放30多年，中国依靠大量的劳动力、资本和能源的投入，经济取得了迅猛的发展，同时也面临着碳排放量全球居首的严峻形势。减少碳排放量，意味着较少能源投入，能源成本提高，能源市场结构和能源消费结构都需要相应调整，这无疑会对中国的经济造成一定的影响。在可持续发展战略的实施下，本书定量地研究碳排放约束对不同行业造成的不同影响。研究结果可以作为国家实施节能减排政策的参考建议。

2. 研究角度创新。首先从碳排放峰值约束的角度出发，研究能源市场结构和消费的调整路径。其次从能源消费成本的角度出发，研究能源结构调整的经济效应。在研究能源成本对工业增加值的影响时，本书从行业的能源消费强度差异性出发，分别研究能源价格变动对工业增加值的影响系数。

本书的难点：

本书研究涉及的数据比较多，收集工作也比较烦琐。首先要收集中国历年的各能源品种的消费数据，随后根据不同能源品种的不同碳排放系数计算出各自的碳排放量。在做能源成本的影响效应实证分析时，需要收集36个工业行业近22年的数据，涉及的变量也较多。

# 第 2 章

# 文献综述

## 2.1 碳排放峰值

在工业经济时代，不可避免地排放出许多二氧化碳（$CO_2$）。随着 $CO_2$ 排放对环境造成的负面影响越来越大，国内外很多学者研究 $CO_2$ 排放问题。最早提出 $CO_2$ 排放峰值理论的是 Kuznets（1955），他认为 $CO_2$ 排放强度和人均 GDP 成一种倒 "U" 型的关系，在经济发展的开始阶段，GDP 在增长的同时 $CO_2$ 排放强度也在增加，经济发展到一定水平，$CO_2$ 排放强度出现拐点，达到峰值。之后人均 GDP 继续增长，而 $CO_2$ 排放强度逐步下降。Ehrlich 和 Holdren（1971）建立 IPAT 模型，研究了人口规模、经济水平以及技术水平对环境的影响。Grossman 和 Krueger（1991）研究了 $SO_2$ 排放量和经济增长的关系，实证研究结果表明两者之间的关系满足库兹涅茨假说。Dietz 和 Rosa（1994）、York（2003）通过基于 IPAT 模型的随机形式 STIRPAT 模型，研究了碳排放的影响因素，通过实证分析，他们认为影响碳排放的因素有经济水平、技术水平、产业结构以及能源结构。

Richmond 和 Kaufmann（2006）不仅研究了碳排放峰值问题，同时研究了能源拐点问题，利用 36 个国家 24 年的数据，研究了碳排放拐点和能源拐点的关系，通过实证分析，他们得出能源结构对碳排放影响非常显著的结论。因为不同的能源品种含碳量不一样，煤炭占比较大的能源结构，碳排放量也就越大。他们认为清洁能源的开发使用，以及去碳技术的发展可以帮助经济发展过程中减少碳排放。Jalil 等（2009）通过自回归分布滞后模型，以中国 1975~2005 年的数据为基础，研究 $CO_2$ 排放分别与收入、能源消费和贸易之间的相互关系，通过研究发现，$CO_2$ 和收入的关系可以用环境库兹涅茨曲线来表示，贸易对 $CO_2$ 的作用是正向的，但不显著。

国内最早研究 $CO_2$ 排放峰值的学者是林伯强等。林伯强、蒋竺均（2009）通过环境库兹涅茨模型来研究我国的 $CO_2$ 排放量，然后将模拟得出的曲线进行比较。根据对数平均迪氏分解法（LMDI）和 STIRPA 模型，研究中国人均 $CO_2$ 排放受到哪些因素影响，并比较这些影响因素的不同点。他们得出的结论是：中国人均收入大概在 2020 年达到 37170 元，那时的 $CO_2$ 库兹涅茨曲线将会出现拐点。人均收入、能源强度、产业结构和能源消费结构这四个因素显著地影响着 $CO_2$ 排放。中国一直以来高速的经济增长消耗了大量的能源，而且煤炭占据最大的能源消费比例，因此我国的 $CO_2$ 排放量持续增长。经济增长和 $CO_2$ 排放之间的倒"U"型曲线关系受到经济增长方式和能源环境政策的影响，不同情景下的曲线关系体现出差异性。通过对 $CO_2$ 排放的多种因素分析，得出政策是其中的一个显著因素的结论。如果中国经济能够成功转型，第三产业比重增大，能源消费结构得到优化，那么倒"U"型曲线将会变得比较平缓。

蒋金荷（2011）参考不同地区的能源消费特点，在可获得数据的前提下，利用多层次的测量方法计算我国的 $CO_2$ 排放量，然后分行业和分省市测算相应的碳排放量。基于指数分解方法的特点，通过碳排放的完全指数分解方法—对数平均 Divisia 指数（LMDI 法）研究影响我国二氧化碳排放量的因素，得出这些影响因子系数大小和贡献率大小。经济规模效应、结构效应、能源强度效应和碳强度效应是主要的影响因子，通过模型研究结构表明，四种影响因子系数大小因不同时间段而异。经济增长在 1995~2007 年期间是最大的影响因子。

赵忠秀、王苒等（2013）通过构建面板数据模型，研究二氧化碳排放峰值的因素，这些因素包括技术水平、贸易结构、消费水平等。他们的研究结果表明，中国碳排放峰值出现在2022年，那时的GDP增速为7%，油价较高。若GDP增长率不变，碳排放拐点出现时间随着油价的提高而提前。若油价不变，GDP增速越大，中国碳排放的拐点出现越早。在目前的油价和经济增长情况下，他们认为中国碳排放拐点大概在2036~2041年期间出现。研究的创新之处在于不仅考虑了经济增长，同时也考虑了石油价格，研究的角度比较全面。谌莹、张捷（2015）利用EKC、IPAT和STIRPAT模型，以50个国家30年的数据有基础，研究经济增长、产业结构等因素对$CO_2$排放的影响。他们得出的结论是：人口和经济增长这两个因素对人均碳排放和人均能耗的影响相对于其他因素较为显著。人口和经济的增长速度较快时，人均碳排放和能耗拐点出现的时间较晚，其中人均碳排放峰值会早于人均能耗拐点出现的时间。在国家节能减排政策的强力实施下，中国碳排放峰值将会出现在2030年之前。

## 2.2 马尔科夫链的应用

马尔科夫链是俄罗斯数学家安德烈·马尔科夫创建的，是指数学中具有马尔科夫性质的离散事件随机过程。系统之间的转换通过转移概率矩阵实现，转移概率由之前状态数据推导出来，转移前的马尔科夫过程不影响此次的转移。马尔科夫链预测模型在产业结构和能源结构研究领域被广泛地使用。

### 2.2.1 产业能源结构预测

马尔科夫链模型是经济学中重要的一种预测方法，受到了国内外众多学者的青睐。Ericson等（1995）认为成功企业的增长促进了产业的动态变化，将企业进入、成长、退出一个产业看作是随机的，构建马尔科夫模型，从微观的角度研究产业结构的转移变化。李景华（2001）通过节点圆方法，研究中国产业结构变化是否可以用马尔科夫链模型预测，然后计算产业之间的转移概率。圆点方法在验证马尔科夫链模型起到了关键的作用，为后面计算产业转移概率做了很好的铺垫。牛东晓等（2004）利用马尔科夫模型预测能源结构，转移概率矩阵通过联立方程组求出，然后通过数据来验证模型是否可行。转移概率是马尔科夫链模型的核心，作者利用联立方程组的方法来估算转移概率，这是比较创新严谨的方法，提高了转移概率的精确度。刘殿海、杨勇平等（2006）运用马尔科夫预测模型对我国的能源结构进行预测，并预测污染排放物。马尔科夫链的双重使用是研究方法的最大突破，拓宽了研究的角度。他们的研究结果表明，通过调整能源结构可以减少碳排放量。孙天晴、马宪国（2007）构建马尔科夫链预测模型对上海的能源供应结构进行预测。马尔科夫链模型不仅可以预测能源消费结构，而且也可以预测能源供给结构，在对上海市能源供给结构的预测中体现了马尔科夫链的优越性。谢乃明、刘思峰（2009）利用马尔科夫链模型预测江苏省能源结构，他们的研究范围缩小到了具体的省份，不再针对全国。研究结果很好地展示了长三角地区的能源消费结构变化趋势。

韩晓昕（2009）开创性地利用马尔科夫链模型预测产业贡献的大小，首先建立马尔科夫链模型，其次根据历史数据求出三次产业贡献率的转移概率矩阵，最后预测三次产业贡献率大小。在马尔科夫链模型的运用下，研究结果表明了三次产业贡献率的差异以及变化趋势。张浩等（2010）利用马尔科夫链预测模型对我国各地区的产业结构进行预测，结果表明中西部的第二产业和第三产业明显低于东部地区的第二产业和第三产业。研究结果体现了我国目前东西部各地区间经济发展的差异。朱永彬等（2013）构建马尔科夫链预测中国未来的产业结构，进而研究我国今后能源消费强度的走势，研究产业结构和能源强度之间的关系，结果表明第三产业比重的增加有助于降低能源强度。马尔科夫链不仅仅是预测中国产业结构，更是对未来能源强度的预测。

黄志远、杨强（2013）建立马尔科夫模型，利用二次规划方法求解能源结构的一次转移概率矩阵，根据转移矩阵预测江苏省每年的能源消费结构。结果表明江苏省能源消费结构以天然气和非化石能源代替煤炭为调整路径。柳亚琴、赵国浩（2015）利用 OLS 估计方法测算中国能源结构的马尔科夫链转移概率矩阵，预测中国 2020 年能源消费结构的演变趋势，结果表明煤炭比例逐渐降低，而清洁能源的占比持续上升。通过路径分析方法，分析在节能减排约束的背景下影响能源结构变化的因素，结果显示碳排放量约束对能源消费结构优化的直接作用较大。林伯强、李江龙（2015）以二氧化硫排放为约束条件，以能源消费成本最小化为目标函数，根据在供求均衡的关系，求出在环境治理约束下 2020 年中国一次能源最优结构。然后以 2013 年的能源结构为初始状态求出马尔科夫链转移概率矩阵，根据该转移矩阵预测中国 2015～2030 年每年的能源消费结构。

## 2.2.2 金融市场的应用

方四平（2004）通过案例分析，基于马尔科夫链模型预测企业内部人力资源供给，突出人力资源对于企业发展的重要性。该研究表明了马尔科夫链模型不仅仅运用于国家宏观层面，在企业层面也同样适用。Hassan 等（2007）构建了由人工神经网络、隐马尔科夫模型和遗传算法组合成的混合模型，根据该模型预测股票市场的走势。Yamaguchi 等（2007）建立由灰色预测模型、马尔科夫链模型和泰勒逼近法组合成的混合模型，对中国民用航空国际航线数量的变化进行预测。泰勒逼近法改进了灰色马尔科夫模型，增大了预测精度，预测结构更加符合实际。

王宝森、王旭智（2009）构建马尔科夫链模型，以沪铝期货市场价格为例预测商品期货价格。根据期货市场价格变动的量价关系建立优化的马尔科夫链模型，通过实证分析证明优化的马尔科夫链模型预测精度更高。他们的该项研究充分体现了马尔科夫链模型在金融市场的适用性。陈立波（2013）将灰色预测和马尔科夫链进行融合，构造灰色马尔科夫链预测模型，根据该模型对企业的收益进行预测，评估企业的价值。两种预测模型的融合提高了预测的准确度。目前马尔科夫链模型在金融市场研究的运用还是比较少的，更多地运用在能源结构研究和产业结构研究领域。

## 2.3 能源结构研究现状

经济的发展少不了能源的投入，不同的国家由于资源禀赋的差异，能源消费结构不同。不同的经济结构对能源种类的需求有差异，同一个国家在不同的发展阶段也会呈现出能源消费结构的差异性。在人类日益注重对环境的保护背景下，能源结构的调整在学术界已成为很多研究学者关注的热点。

### 2.3.1 国外研究现状

发达国家已经完成了工业化，比较早地经历了能源结构的变化过程，所以国外学者研究能源结构比较早。例如 Nordhaus（1973）等，他们开创性地分部门对能源消费结构进行分析，研究每个部门、每个行业对不同能源的需求。Mar 和 Bakken（1981）利用经典控制理论，构建能源－经济模型，分析经济发展对能源的消耗，从经济增长的角度研究一次能源消费的结构变化。Symons（1994）模拟不同碳税下的能源需求结构以及碳排放量，表明碳税对能源消费结构的影响，创新之处在于对碳税的研究，充分体现碳税对节能减排起着重要作用。Gabriel 等（2001）等构建了 NEMS 模型，根据美国的经济发展阶段、产业结构以及资源禀赋，利用 Gauss-seidel 估算出美国一次能源消费结构。Tahvonen（2001）根据发达国家的经验，认为可再生能源在工业化之前占据主导地位，工业化的过程中则以化石能源为主，工业化完成后，在第三产业比重逐渐提升的过程中，化石能源逐渐被可再生能源替代。他们分别推导出了化石能源价格下降阶段和消费增长阶段。

Nakata（2004）将可持续发展的理念引入到能源消费结构的研究中，分析了在可持续发展的要求下能源结构调整的方向。他指出，未来一次能源需求结构的调整不仅要考虑经济的增长，更要考虑环境问题，清洁能源将会受到青睐。Jebaraj 等（2006）研究了总收入、利润和能源效率等因素对能源消费的影响，设定技术、就业和资源等参数作为约束条件，利用模糊逻辑方法对能源结构进行预测。Tol（2007）构建一个包含能源、环境、经济的计量模型，根据 IPCC 的碳排放测算数据对美国的碳排放现状进行分析，研究美国能源结构演变的规律。从碳排放的角度研究能源结构是比较创新的做法，可行性也比较高。Hiremath 等（2007）介绍了分散性的能源规划模型（DEP），以及该模型在各个地区各类能源中的应用。DEP 能源规划方案以满足能源需求和能源替代为目标，以经济成本和环境成本为约束条件。Bhide 等（2011）根据印度经济发展的现状，认为在经济发展作为首要目标的前提下，能源需求的增加是不可避免的，但是考虑到气候环境因素，政府应该大力支持电力和可再生能源产业的发展，提高非化石能源的消费比重是应对环境问题的措施之一，在降低碳排放方面起到至关重要的作用。Silva 等人（2012）将两类能源替代弹性设定为常数，利用 CES 型的生产函数，研究了最终产品的生产和能源消耗两者的关系，构建一般均衡模型，说明了能源在替代过程中存在的长期均衡。

## 2.3.2 国内研究现状

我国学者陈文颖、高鹏飞、何建坤（2004）利用 MARKAL - MACRO 模型研究节能减排的经济效益，分析减排率、减排边际成本、化石能源之间的关系，提出影响能源消费的因素，并给出优化能源消费结构的路径，即煤炭消费比重逐渐降低，天然气和非化石能源的比例逐渐上升。管卫华（2006）构建了动力学模型预测能源消费结构的变化，研究结果显示未来中国的能源消费结构中煤炭的比重会不断减少，石油、天然气和水电的消费比重均持续提高。赵柳榕、田立新（2008）基于能源结构建立 Logistic 模型，估算出系统中的经济增长系数大小，计算出我国煤炭的最大需求缺口。该模型考虑了能源结构中石油和天然气的消费变化对煤炭需求的影响，文章认为我国的能源主要矛盾已经从供应不足转变到结构不合理。最后提出能源调整的建议，即深度利用煤炭资源，加快发展水电、核电等清洁能源产业，加大对新能源开发利用技术研发的投入。

林伯强（2010）以能源消费成本最小化为目标，以碳排放量为约束条件，构建了能源结构的最优化模型。基于该模型分别计算出中国 2020 年在完成不同碳减排规划目标下的最优能源结构。分析能源结构调整对能源成本的影响，进而研究多种情景下的能源成本变化对中国 GDP 和就业的影响。王锋、冯根福（2011）构建协整模型估计中国未来的一次能源消费量，因变量有能源价格、收入水平、人口数量、工业化等，在不同的中国经济增速情景下预测能源的消费需求。然后运用马尔科夫链模型预测中国 2011~2020 年的能源结构。最后评价了优化能源结构对减排二氧化碳的效果。水核风电的发展潜力决定着碳减排的空间，水核风电在一次能源消费的占比越大，碳减排效果就会越明显。范德成（2012）利用路径分析方法测算各种因素分别对能源结构的影响，然后算出总的影响。每一种影响因素都分别从直接影响和间接影响测算，解释了其中的影响机理。得出了能耗约束和 GDP 增长对能源消费结构的调整优化起推动作用的结论。据此，通过岭回归方法消除各因素的多重共线性，构建了一次能源消费结果的预测模型，研究得出为实现我国的低碳目标，必须控制煤炭的消费比例。李相宜（2012）利用灰色预测模型对山东省的三种化石能源消费比例变化趋势进行预测，发现中短期内山东省的能源结构中煤炭依旧占据主导地位。石莹等（2015）根据经济平稳增长和能源成本最优原则，建立了经济动力学与能源成本最优控制的耦合模型。分别在有无碳排放约束的情景下分析中国能源成本和能源结构的演变趋势。他得出的结论是：如果仅仅考虑经济效益，以能源成本最优为原则的能源结构发展，煤炭仍将是中国能源结构中的主导成分。在碳排放的约束下，煤炭的消费比重将会快速下降，取而代之的是含碳量较低的天然气和水电、核电、风电等非化石能源。同时考虑能源成本和减排目标，水电的发展速度将会提高。

## 2.4 节能减排和能源结构调整的影响效应

长期以来中国一直以高能耗支持高速的经济发展，如今面临着能源环境问题，节能减排政策必定会对我国的经济增长产生影响。在节能减排的约束下能源结构将会发生变化。一次能源消费结构主要包括煤炭、石油、天然气、水电、核电、风电、太阳能等。每一种能源的生产成本不同，其消费价格也不一样，能源消费结构的调整必然引起能源总消费成本的变化。能源是经济增长的动力来源，很多学者研究了节能减排以及能源对经济发展的影响。

### 2.4.1 可计算一般均衡模型 CGE

自从 20 世纪 70 年代计算机获得跨越性发展以后，可计算一般均衡模型得到了广泛的使用，被应用于研究各个领域，尤其是研究能源环境政策的效益。Jorgenson（1975）创立了首个使用在能源政策分析的可计算一般均衡模型，由于该模型的优越性，很多学者用该模型来分析能源环境政策。Manne（1997）、Kopp（1990）、Bergman（1990）、Burniaux（1992）分别通过可计算一般均衡模型研究能源环境政策对宏观经济的影响，包括对 GDP、就业、投资等的影响。Xie（1996）构造一个静态的环境经济综合 CGE 模型，将产生污染物的生产活动引入模型中，设定环境投资需求、排污税、环境补偿和污染削减成本。Bosquet（2000）研究了环境税对碳排放的影响，指出短期内征收环境税可以促进就业，对投资和通货膨胀的影响不大。Patuelli（2002）对环境税改革定量研究，分别将 GDP 和就业作为第一、第二红利的衡量指标，结果表明环境税改革的双重红利效果明显。

Zhang（2000）根据1987年的历史数据构建拥有10个部门的中国经济可计算一般均衡模型，研究不同程度的碳减排对GNP和福利的影响。Garbaccio（1999）构建拥有29个部门的中国经济可计算一般均衡模型，将碳税引入模型中，研究碳减排的经济效应。

可计算一般均衡模型在我国也获得了很好的发展，很多学者利用CGE模型研究经济领域中各变量之间的相互影响。林伯强、牟敦国（2008）基于可计算一般均衡模型分析石油和煤炭价格上涨对中国经济的冲击，他们得出的结论是能源价格上涨将会收紧中国经济，推动产业结构变化，高耗能行业受到能源价格上涨的紧缩程度较大。何建武、李善同（2009）通过可计算一般均衡模型，模拟了在不同的能源税和环境税的情景下，能源消费、GDP、投资、消费、居民收入和就业如何发生变化。林伯强（2010）通过构建一般均衡模型，评估能源结构变化对能源成本的影响，进而模拟不同程度的节能减排目标下能源成本的变化情况，然后研究能源成本增加对GDP和就业的影响。

## 2.4.2 碳减排成本

很多学者从$CO_2$减排成本的角度研究碳排放约束对经济的影响。在碳减排成为人们日益关注话题的今天，很多评估碳减排的模型已经被开发出来，从多维度去研究碳减排的成本构成，对经济的影响机制。Glomsrod等（1992）用可计算非线性动态投入产出模型方法来评价限制$CO_2$排放对挪威经济增长的影响。

混合模型。该模型的结构比较完备，可以求出碳减排约束对行业和宏观经济变量的影响，而且体现碳减排的技术构成，比较适合分析全球的碳减排成本。效率分析模型，Grosskopf（1993）利用谢泼德距离函数（Shephard Distance Function，SDF）刻画环境生产技术，根据对偶理论得出非期望产出的影子价格。$CO_2$影子价格代表在一定的经济和技术条件下的$CO_2$减排成本。根据该理论，随后方向性距离函数被应用到分析碳减排政策的效益。

工程经济学模型。该模型设定碳减排目标，规定基准线，对备选减排方案进行贴现，再对各种减排方案进行成本分析、效益分析，最后基于碳减排目标将成本有效的技术方案加总得到碳减排总成本。动态优化模型，初期主要分析能源行业、能源优化问题，模拟在能源需求和碳排放约束下的能源和技术最具成本效益的组合，研究 40~50 年时间跨度上的 $CO_2$ 减排潜力和减排成本 MARKAL 模型和 TIMES 模型属于测算碳减排成本的动态优化模型。但也有一些学者质疑该模型的缺点，Zhang（1998）认为动态能源优化模型忽略了能源行业与其他行业及整体经济之间的关系，没有考虑碳减排对其他经济部门的影响。

投入产出分析模型。该模型体现了各个产业部门之间复杂的平衡关系。投入产出分析常用于研究碳减排政策对各经济部门和宏观经济的影响。该模型的缺点是在分析构成中设定了投入产出系数固定，规模报酬不变，最终需求外生给定，只适合做短期分析，不能进行长期分析。宏观经济模型，利用计量经济学的方法求出参数，如向量自回归模型、动态面板数据模型。

巴曙松、吴大义（2010）从 $CO_2$ 减排成本的角度，结合 VAR 模型和脉冲响应函数，定量分析煤炭、石油、电力、天然气对产出、投资、就业的影响。结果表明不同能源消费品种的碳减排成本是不一样的。范英、张晓兵、朱磊（2010）建立基于投入产出的多目标规划模型，估算 $CO_2$ 减排对宏观经济的影响。结果表明 $CO_2$ 排放约束对我国的经济影响显著，尤其是采掘业、石油行业、化学行业、金属冶炼等高耗能行业。从短期来看，这些行业的产值将会受到较大的负面影响。周鹏等（2014）从 $CO_2$ 减排成本的角度，比较多种 $CO_2$ 减排成本测算模型，将 $CO_2$ 减排成本分为短期成本和长期成本。不同的减排成本类型说明了碳减排成本是随着时间的推移不断变化的。梁大鹏等（2015）构建 LMDI 模型研究影响"金砖五国" $CO_2$ 排放成本的主要因素，并且提出了这些因素之间的差异。得出的结论是提升减排技术水平、完善工业减排机制、优化能源结构有助于降低单位

$CO_2$ 排放成本。"金砖五国"是主要的发展中国家,能源消费量和碳排放量都居于全球靠前的位置,他们的研究结果可以帮助发展中国家应对节能减排的冲击。

### 2.4.3 能源成本

胡宗义、刘亦文(2010)基于 MCHUGE 模型研究能源价格上涨对中国经济发展的影响,定量分析对各个产业产出受到的影响,通过该模型模拟出能源消费、能源强度、技术进步、总投资等宏观经济结果。结果表明提高能源价格优化了中国经济产业结构,显著地降低了能源强度,但也会导致出口下降和投资需求下降。MCHUGE 模型综合考虑了多种宏观经济效益,比较全面的分析能源价格提高对中国经济的影响。能源成本变化对各行业的影响一直是学术界关注的话题,能源价格和能源效率都会影响企业的产出,由于行业间存在差异性,每个行业体现出不同的能源价格弹性。申萌、蔡宏波(2014)利用中国 36 个行业工业面板数据进行实证研究,结果显示能源成本变动对工业增加值的增长率有着明显的影响,在碳排放约束的政策下,能源密集型行业的产出将会受到较大的影响。刘杨等(2014)利用质量阶梯模型研究了不同能源强度的能源成本约束下,工业部门的生产技术进步与产出增长之间的关系。研究结果表明能源成本约束通过生产技术进步对产出增长的影响是非线性的。

## 2.5 市场分割水平、决定因素及其影响

### 2.5.1 市场分割水平

现有对市场分割的研究多数是考察整个市场的分割水平,对能源市场

分割的研究较少。因此本书主要梳理整个市场的分割状况。部分学者认为中国地区间商品市场呈现出逐渐分割的趋势。Young（2000）认为中国的地方政府为了巩固既得利益，违背了资源配置的规律，人为地扭曲了地方经济发展。而原有的扭曲又造成了进一步的扭曲，最终改革非但没有促进国内市场的整合，反而加剧了区域市场的分割。文章运用"生产法"的实证研究结果表明，近20年来大部分省市无论在GDP的结构、制造业的产出结构或是重要产品的资本边际产出等方面都存在着收敛的趋势，而各地的商品零售价格、农产品收购价格以及劳动生产率差异有随着时间扩大的趋势，两类证据均表明中国国内市场分割有愈演愈烈之势。Poncet（2002）支持了Young（2000）的观点。她使用边界效应方法，测量了1987~1997年中国国内市场的分割情况，发现虽然各省的国际贸易参与水平在不断提高，但省际间的贸易强度不仅低，且1987~1997年还呈现逐年下降的趋势，这说明中国国内市场一体化的程度较低，且有被分割为众多子市场的趋势。

然而，大部分学者持相反观点，认为尽管目前中国地区间存在着比较严重的地方保护主义和市场分割，但这并不影响中国商品市场日趋整合。从总体变化趋势来看，中国的国内市场整合趋势逐渐增强。

Naughton（1999）通过比较1987年和1992年中国省际工业品的贸易流量，发现1992年的省际贸易流量比1987年有明显增长，表明中国国内市场正在走向一体化。Xu（2002）主张用商业周期模型来检验中国省际市场的一体化程度，通过使用一个误差构成模型，将各个省的部门实际经济增长分解为国家宏观影响、部门自身生产率的提高和本省对该部门的影响，对1991~1998年数据的实证分析表明中国国内市场一体化尽管还不充分，但正朝着有利的方向发展。桂琦寒等（2006）利用中国28个地区1985~2001年9种商品价格指数构造相对价格方差，以此来度量中国国内商品市场的整合程度，结果表明国内商品市场呈现出日趋整合的趋势，东部、中部和西部地区的市场整合程度也都有所提高，且东部地区的市场一体化趋势比中西部地区更为显著。更进一步地，陈敏等（2007）在其研究基础上，也发现中国国内商品市场虽然在一个短时期内出现了分割程度恶化的情况，但总体上则表现出市场日渐一体化的趋势，而且大部分省市的市场分割度也逐渐下降，市场整合趋势日益明显。刘小勇等（2008）从财政分权和地方市场分割的讨论中发现，1995年以来地方市场分割度明显低于之前，地区间正走向一体化，而且一体化进程正不断加快。白重恩等（2004）、陆铭等（2006）也持相同观点。

## 2.5.2 市场分割的决定因素

现有有关中国市场分割的研究认为，市场分割的决定因素主要包括地方保护主义、经济开放水平和其他因素等。

大部分研究者都认为地方保护主义是导致市场分割的重要因素。银温泉等（2001）以路径依赖理论为分析工具，认为地方市场分割是我国经济体制转轨过程中的必然现象，而包含财政权和税收权、投融资权、企业管理权限下放的行政性分权是导致市场分割的深层体制原因；传统体制遗留的工业布局、地方领导的业绩考核、地方政府由于机构庞大而导致财政拮据等现实因素，也强化了地方市场分割倾向。（严冀等，2003；陆铭等，2004）也认为地方保护主义政策是导致中国地区间市场分割的一种因素，并且进一步指出，中国的地方保护主义与分权改革有关，由于地方政府的战略性经济发展政策和对经济的干预导致的经济资源误配置是分权所带来的一项非常重要的成本。Poncet（2005）将"边界效应"作为国内市场整合的指标，将财政预算占GDP的比重、政府消费、失业率等作为影响地方保护和市场分割的因素纳入回归方程，分析结果显示，解决失业率问题、政府对市场的干预等地方保护政策均加剧市场分割程度。平新乔（2004）运用联立方程组模型验证了地方政府的国有资本控制权与对应产业的边际劳动生产率显著正相关，地方政府实行产业保护和市场分割是存在巨大的物质利益驱动。白重恩等（2004）根据1985～1997年中国29个省区32个行业的数据，构建了Hoover地方化系数作为被解释变量，以行业利税率、

## 第 2 章 文献综述

国有企业在总产出中的比重作为检验地方保护主义的变量证明了地方保护与地区专业化程度之间的负向影响,认为地方保护主义是导致市场分割的原因。林毅夫等(2004)认为,目前中国存在的地方保护主义和市场分割在一定程度上是改革开放以前重工业优先发展的赶超计划的后果,证实了"赶超特征越强的省市,地方保护和市场分割就越严重"的假说。陆铭等(2005)认为中国实施的财政分权体制促使地方政府选择市场分割来保护或扶持当地的弱势产业。陈敏等(2007)推断,政府的财政收支比重越大,地方政府越是有激励通过分割市场来对本地企业进行支持与保护。刘小勇等(2008)认为,财政支出分权会加剧地区市场分割程度。余东华等(2009)也认为地方保护直接导致了区域市场分割,其危害性很大。夏立军等(2011)研究了企业高管的政府任职背景对企业跨越省界进行异地投资的影响后发现,中国地方政府的行为确实在一定程度上导致地区之间市场分割的存在。

除了地方保护主义的影响,还有一些学者研究了经济开放程度对国内市场整合程度的影响,认为整个中国经济改革的过程就是中国经济重新融入全球经济的过程。在这一过程中,国内市场的贸易流向、地方政府和企业的行为、人们的观念等都发生了非常重大的变化。因此,经济开放通过不同的渠道都会对国内市场的一体化进程产生深刻的影响。陈敏等(2007)利用我国 1985~2001 年的省级面板数据对经济开放等因素对市场分割的影响进行回归分析,结果发现经济开放对国内市场整合的影响是非线性,在经济开放水平较低时,经济开放会加剧国内市场的分割,但进一步的经济开放能够促进国内市场一体化。长期看来,经济开放不会阻碍国内市场的一体化进程。随着经济开放程度的提高,经济开放将最终能够促进国内市场一体化的建设。陆铭等(2006、2007)也支持这一观点。

陆铭等(2004)分析了不同地区间的技术差距对市场分割的影响,研究认为,在某些新兴的高技术产业具有收益递增特征的情况下,技术落后的地区可能会选择不按静态的比较优势加入全国的分工体系。通过市场分割和地方保护主义来发展本地的战略产业,以期提高在未来分享地区间分工利益的谈判中的筹码，扭转当地的比较优势。陈敏等（2007）还分析了经济的国有化程度和政府消费的相对规模对于市场分割的影响，研究发现，经济的国有化程度和政府消费的相对规模是加剧市场分割的因素。平新桥（2004）认为，经济国有化程度与市场分割程度之间的关系也可能是因为地方政府对国有资本的控制力度而更强。陆铭等（2006）研究也发现，民营经济的持续发展是国内市场整合的推动力，而政府干预则不利于中国国内市场的整合。

### 2.5.3 市场分割的影响

解释市场分割决定因素的文献其实并不能直接用来解释为什么地方政府要采用市场分割政策。因为市场分割政策本身并不能提高政府的效益，即使市场分割有利于地方政府保证就业率和财政收入，但如果没有经济增长这一支撑条件，能否保证就业率和财政收入的持续性是令人怀疑的。大部分学者认为市场分割政策一定程度上对地方经济发展具有某些作用，这就需要对市场分割的影响进行研究。

部分学者认为，市场分割对当地经济发展有利，能够促进本地区经济增长。陆铭等（2009）利用9种商品的省级价格指数信息，基于"一价原理"构造了省级的市场分割指数的面板数据，将其用于解释省级的即期和未来的经济增长。结果发现市场分割对于当地的经济增长具有倒"U"型的影响，即在市场分割程度并不太高的时候，提高市场分割程度有利于当地的经济增长，但如果市场分割程度超过某个临界值后，经济增长就会受到负面影响。对于超过96%的样本点来说，市场分割有利于经济增长。而且对于经济开放程度更高的省份来说，更能够利用市场分割来促进当地的经济增长。但是，他们同时也指出，这种以邻为壑的政策在宏观上却妨碍了整个国家获得经济发展的国内规模经济，因此不应该将局部市场分割政策的好处作为支持这一政策的依据。刘小勇（2013）认为，陆铭等（2009）的研究存在不足，即仅仅考虑了市场分割对经济增长的直接绩效，而没有考虑市场分割对经济增长的间接影响。他通过引入空间联系将市场分割对经济增长总效应分解为直接效应和间接效应。并且利用空间 Durbin 面板模型实证检验了省际市场分割对经济增长的影响。研究发现，1986~2009 年间和 1994~2009 年间市场分割对经济增长的直接效应和间接效应都为负，但是 1986~1993 年间，市场分割对经济增长具有正的总效应，直接效应和间接效应也都为正，表明这一时期市场分割政策的确促进了本地区经济增长。但是更值得关注的是，这一时期空间滞后项回归系数显著为负，即相邻地区 GDP 的提高，反倒对其他地区的 GDP 具有负向影响。这表明，这一时期，地区之间的竞争是一种恶性竞争，分割市场的政策虽然推动了本地区经济增长，但是对全国经济增长并无益处。

然而，目前更多研究得到的结论则表明地方政府采取的市场分割和地方保护主义政策对经济绩效具有负效应，市场分割不利于经济增长。

Poncet（2003）利用 7 种农产品省际价格构建市场分割指数来研究市场分割对经济增长的影响。研究表明市场分割无论是对实际人均农业 GDP 还是实际人均 GDP 都具有显著的负效应，并且对人均农业 GDP 的负向影响要高于人均 GDP。陆铭等（2006）探讨了导致中国区域经济发展差距的因素，认为地方政府分割市场的政策作为一种逆市场的力量影响了省际和省内的资源配置以及区域经济发展的布局和差距。余东华（2008）利用国务院发展研究中心课题组的地方保护调查数据，研究发现，地方保护和市场分割并不能提高区域产业竞争力和地方经济实力。刘小勇等（2008）测度了 1986~2005 年各省市场分割指数面板数据，从实证的角度检验政府分割市场对经济增长的影响。研究发现，市场分割会阻碍地区经济增长，并没有如地方政府采取分割政策时预期的那样促进本地经济增长。刘小勇（2010）进一步发现，市场分割对落后地区经济发展的负向影响要明显大于经济发达地区，对中部地区的负向影响最大，东部次之，西部最小。而 1995 年之后，市场分割对经济增长的阻碍作用明显高于 1995 年之前。还有一些学者认为，市场分割造成了资源配置扭曲，从而不利于经济在增长。银温泉等（2001）认为地方市场分割导致经济运行机制扭曲，市场价格信号失真，干扰宏观经济平衡，使社会资源无法实现最优配置。郑毓盛等（2003）将宏观技术效率分解为省内的技术效率、产出结构的配置效率及省际要素配置效率，选取我国 29 个地区 1978~2000 年的数据，实证分析中国省际市场分割所造成的效率损失，结果显示地方市场分割确实造成了资源配置的扭曲。严冀等（2003）也认为地区间的市场分割严重地制约了商品和要素的流动，造成了一些资源配置的扭曲。更为重要的是，重复建设的现象也屡见不鲜，特别是对一些新兴的和成长中的产业，各地政府都在争相投资建设。平新乔（2004）认为地方保护和市场分割程度越高、垄断程度越强，则资源配置的效率就越低。师博等（2008）利用各省的国内贸易量占 GDP 的比重间接衡量市场分割度，实证检验了 1995~2004 年间市场分割对地区全要素能源效率的影响。研究发现，在国内贸易增加的同时，由于市场分割程度的加剧扭曲了资源配置效率，造成全要素能源效率的损失。夏立军等（2011）认为市场分割有碍于公平竞争，降低资源配置效率。对于中国而言，市场分割逐渐成为制约规模经济效应的重要因素，对经济的持续增长不利。

部分学者认为市场分割对出口也会有影响。朱希伟等（2005）从理论上推断出，市场分割会导致本地企业更加倾向于出口，从而会导致对外贸易的增加。陆铭等（2006、2007）也认为在经济开放水平较低时，经济开放会加剧国内的市场分割，而市场分割会导致越来越多的企业可能更倾向于选择出口，而不是与国内的企业进行贸易。但张如庆等（2009）利用 2000~2006 年中国 31 个省区市数据构建市场分割指数从而考察市场分割对出口的影响，实证分析发现市场分割对出口有一定的抑制作用，造成企业的出口动力减弱。这可能是因为，尽管企业进入本地市场和本国外地分割市场的成本存在高于进入国外市场成本，但企业一旦进入本地市场或者本国外地分割市场后，再投入的附加成本可能很小，并能获取很高的市场垄断利润，高到足以弥补市场进入成本高的损失，因为不是任何企业都有支付这种高昂的进入成本的能力；而市场分割的程度越大，这种垄断利润可能越丰厚，所有企业也就越不愿"背井离乡"，选择出口。

银温泉等（2001）认为地方市场分割不利于确定产业和产品的比较优势，不利于实现规模经济、不利于培育企业的市场意识和竞争能力。白重恩等（2004）认为市场分割不利于企业竞争，对本地企业则形成了"市场力量"和相应的租金，受保护的更多是高利税率的企业或者是国有企业。刘凤委等（2007）以中国1999~2003年的上市公司为研究样本，考察了地方保护和要素市场分割对微观组织经济效率的影响，发现地方保护虽然能增加公司销售收入，但降低了投入要素的流动性，从而降低了微观组织的经济效率。地方保护主义和市场分割越严重，公司经济绩效越差。余东华（2008）认为地方保护主义和市场分割所引起的较低的资源配置效率有可能会转嫁给企业，降低了企业的经济绩效和产业竞争力。余东华等（2009）以中国制造业29个行业2000~2005年的数据为例，构建了产业受保护程度指数和产业技术创新能力指数，实证研究了市场分割对产业技术创新能力的影响。研究结果发现，市场分割使得企业创新净收益下降，创新动机减弱，限制了企业生产可能性边界的拓展，扭曲了企业的技术效率，制约了制造业技术创新能力的形成和提升。夏立军等（2011）从跨地区投资角度揭示了中国资本市场的地区间分割问题，认为资本市场分割实际上是一种"设租"行为，它减少了本地企业所面临的竞争，此时，企业所拥有的政企纽带就可能成为企业获取租金的渠道。

## 2.6 小　结

$CO_2$排放问题已成为制约经济发展的一个重要因素，碳排放峰值是人们关注的一个焦点。最早研究$CO_2$排放峰值理论的是Kuznets（1955），之后很多学者研究碳排放拐点、能源拐点与人均GDP之间的关系。在节能减排政策的约束下，很多学者应用马尔科夫链预测模型、Logistic模型、多目标规划模型、灰色预测模型对能源结构调整进行预测。对于碳减排对经济造成的影响，Jorgenson（1975）首次开发了用于评价能源环境政策的可计算一般均衡模型。之后大量的学者运用多样的 CGE 模型考量碳减排对宏观经济的影响。用于研究碳减排成本的还有工程经济学模型、投入产出模型、混合模型等。

对于碳排放约束的问题，现有文献的研究方法、维度比较单一，缺乏将经济、能源、环境三者有机结合起来，只研究了碳减排约束对能源结构的影响，或者只研究了碳减排直接对宏观经济变量的影响，且没有针对异质性行业进行区别研究。本书将以碳减排约束为切入点，运用马尔科夫链预测模型分析碳减排约束对中国能源结构调整的影响，然后基于动态面板数据模型从能源成本的角度研究能源结构调整对各行业的影响，分别讨论能源密集型行业和非能源密集型行业。在能源结构预测环节，本书利用二次规划模型对中国能源结构的马尔科夫链转移概率矩阵进行估计，提高了转移矩阵的测算精度，有利于能源结构的预测。碳排放约束政策将会给中国经济带来一定的负面影响，不同的行业受到不同程度的影响。本书的研究深入到各行各业，定量地给出碳排放尽早达峰对各行业的影响程度，更加全面地评估碳排放峰值约束。

# 第3章

# 中国能源结构现状及国际比较

本章分析我国能源结构现状以及变化趋势，并与其他国家的能源结构进行比较，指出我国目前能源结构存在的问题。我国长期以来煤炭在能源生产和消费中一直占据着很大的比例，天然气和非化石能源占比很小。而国际上其他国家的能源结构以石油为主，辅之以新能源。

能源结构指能源总生产量或总消费量中各类一次能源、二次能源的构成及其比例关系。能源分为化石能源和非化石能源。化石能源是一种碳氢化合物或其衍生物。化石能源有煤炭、石油和天然气等。目前全球的能源消费结构中以化石能源为主，石油消费比重最大。资源的存储了以及生产结构决定着能源消费结构。2014年，全球的能源消费结构是，石油的比重为32.6%，天然气为23.7%，煤炭为30%，其他的比重为13.7%。非化石能源指除煤炭、石油、天然气等经长时间地质变化形成，只供一次性使用的能源类型外的能源。非化石能源包括当前的新能源及可再生能源，包括核能、风能、太阳能、水能、生物质能、地热能、海洋能等可再生能源。

## 3.1

### 能源结构现状

国家统计局网站公布，2014年，中国能源生产总量为36亿吨标准煤，其中原煤生产总量为263520万吨标准煤，占比73.13%；原油生产总量为30240万吨标准煤，占比8.39%；天然气生产总量为17280万吨标准煤，占比4.80%；水电、核电、风电生产总量为49320万吨标准煤，占比13.68%。在能源消费方面，2014年，中国能源消费总量为42.6亿吨标准煤，其中，煤炭消费总量为281160万吨标准煤，占比66%；原油生产总量为72846万吨标准煤，占比17.10%；天然气生产总量为24282万吨标准煤，占比5.70%；水电、核电、风电生产总量为47712万吨标准煤，占比11.20%。

从图3-1可以看出，我国目前的能源消费结构仍然是以煤炭为主，占比66%。化石能源，即消费产生二氧化碳排放的煤炭、石油、天然气共占据了88.8%的比重，而水电核电等清洁能源占比仅有11.2%。

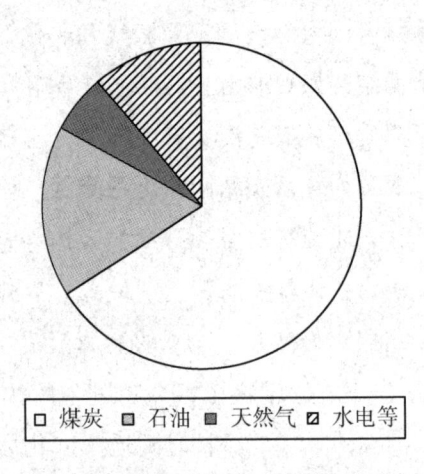

图3-1 2014年中国能源消费结构

资料来源：国家统计局。

## 3.2 能源消费结构变化趋势

本书统计了中国1980~2014年能源结构的变化趋势，如图3-2所示，在经济持续高速增长的同时，中国能源消费总量也呈现出持续上升的态势。中国煤炭资源丰富，开采比较容易，且消费成本比较低，从图中可以看出，煤炭占能源消费的比重一直是最大的，其次是石油。但最近几年，煤炭占比有下降的趋势，而石油占比则相对稳定，天然气和非化石能源的比重逐年提高。

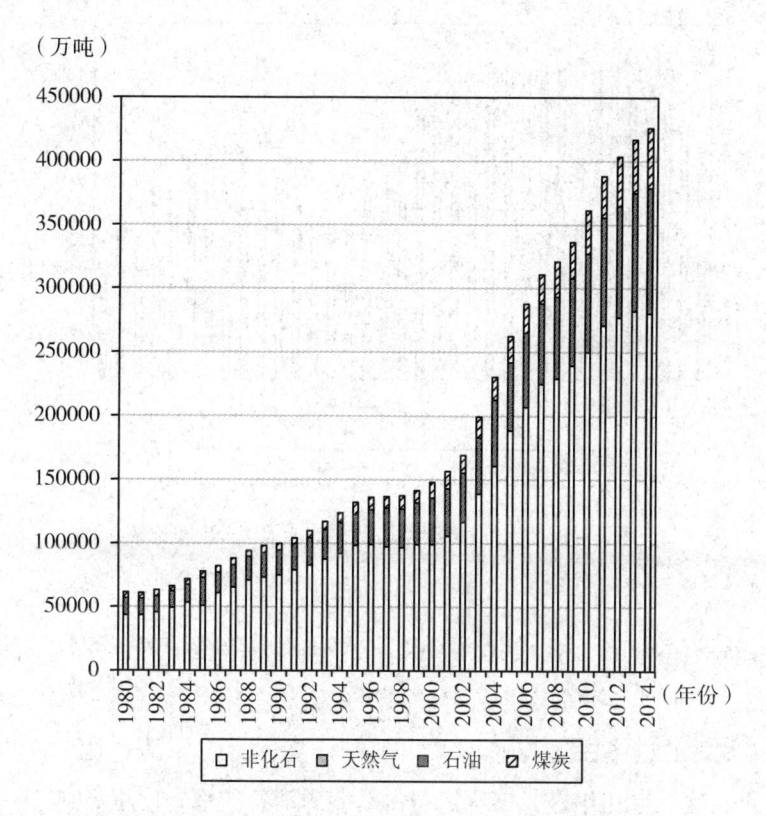

图 3-2 中国能源结构变化趋势（1980~2014 年）

资料来源：中国能源统计年鉴。

## 3.2.1 煤炭消费量占比变化趋势

本书将改革开放以来每年我国煤炭占比数据以及 GDP 增速绘制成如图 3-3 所示。自 1980~2014 年，我国煤炭占比可分成四个阶段：（1）1980~1990 年，逐年上升然后区域平缓。（2）1991~1999 年，煤炭占比逐年下降。(3) 2000~2007 年,煤炭占比逐年上升。(4) 2008~2014 年,煤炭占比逐年下降。总体而言,煤炭占比经历过两个小高峰,分别在 1990 年和 2007 年。

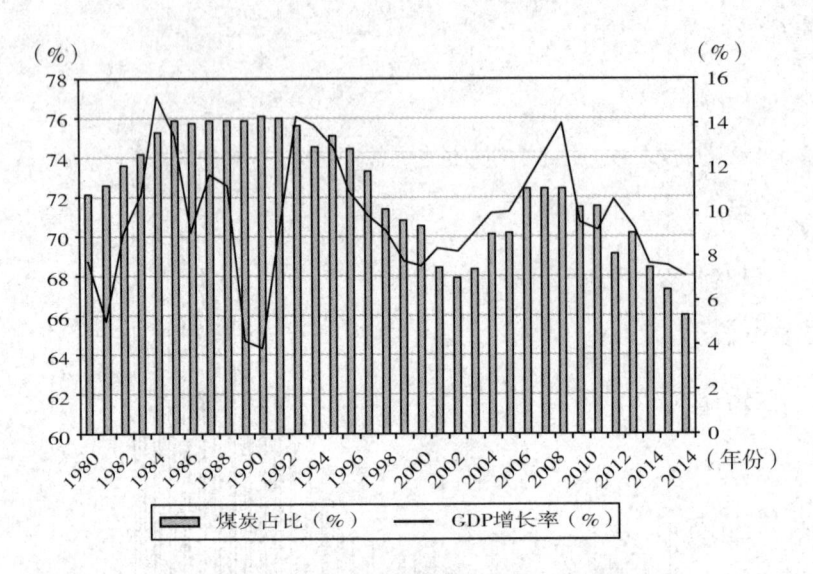

**图 3-3 煤炭占能源总消费的比重及 GDP 增长率**

资料来源:国家统计局。左纵轴煤炭占比,右纵轴 GDP 增速。

图 3-3 中的曲线代表我国 GDP 年增长率,从图中可以看出,除去个别年份,GDP 增长率的变化趋势和煤炭占比的变化趋势基本一致。改革开放以来我国的经济保持高速增长,煤炭一直作为主要消费能源。1980~2014 年,这三十几年里,煤炭消费占总能源消费的平均比重高达 72.40%。从 2000 年开始,我国大力发展房地产、基建等行业,GDP 增长率也取得了两位数的成果。但是这些行业高速发展依赖着煤炭的大量消耗。我国粗放型经济一直占据很大的比重,煤炭的大量消费必然增加了二氧化碳的排放,这也是我国碳排放量一直高速增长的原因。2008 年全球金融危机爆发,中国的经济也开始降温,经济发展寻求转型,煤炭消费总量虽然仍然保持增长,但是煤炭占比呈逐年下降趋势。

## 3.2.2 石油消费量占比变化趋势

中国 1980~2014 年，石油消费量占总能源消费量的比重变化趋势如图 3-4 所示。

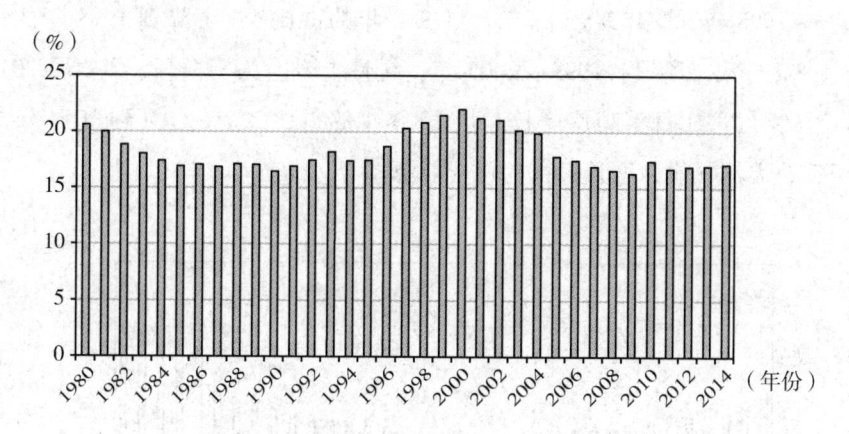

**图 3-4 石油消费占总能源消费的比重**

资料来源：国家统计局。

根据图 3-4，我国石油占比总体上变化不大，较为平稳。不像煤炭占比那样随着经济发展速度变化而变化。1980~2014 年，石油占比变化趋势呈"W"型，年均占比为 18.32%。1980~1990 年，石油占比逐年缓慢下降。当时我国刚开始实行改革开放，我国是贫油国家，石油供给大量依靠于进口。中国经济处于刚起飞阶段，国家不会把有限的资金投资于进口石油，所以这期间中国的能源消耗主要是国内储存较为丰富，同时也是较为廉价的煤炭。从 1990 年开始，中国实行市场化经济，中国海外进口石油量逐年高速增长，石油消耗量在能源消费总量的比重也逐年上升。自 2000 年，石油占比呈现逐年缓慢下降的趋势。

### 3.2.3 天然气消费量占比变化趋势

如图3-5所示,1980~2014年,我国天然气消费比重比较小,年平均占比为2.68%。天然气占比变化趋势可以分为三个阶段。第一阶段:1980~1998年,逐年缓慢下降,从1980年的占比4%下降到1998年的占比1.8%。第二阶段:1999~2005年,缓慢上升。第三阶段:2006~2014年,天然气占比每年高速增长。从2006年的占比2.7%上升到2014年的5.7%,天然气成为增长最快的化石能源。

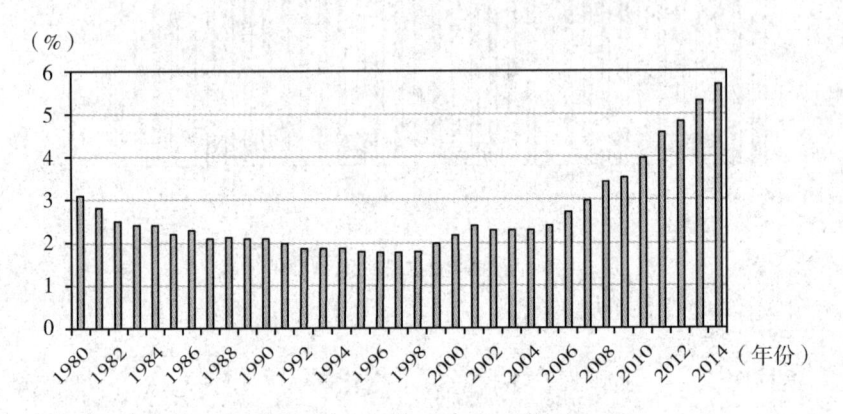

**图3-5 天然气占能源总消费的比重**

资料来源:国家统计局。

### 3.2.4 水电等消费量占比变化趋势

中国水电,风电,核电消费总量占比趋势如图3-6所示。1980~2014年,我国水电等的年平均占比为6.60%,大致呈现出逐年上升的趋势。1980年水电核电等非化石能源仅为4%,到2014年,非化石能源占比达到了11.2%。但是相对于其他发达国家来说,我国非化石能源的比重仍然比较低。1993年以前,我国非化石能源以水能发电为主,随着秦山核电站运行,核电占的比重开始上升,并且保持稳定在0.8%左右。2014年中国地热能装机容量为27兆瓦，和2013年持平，占全球地热能装机容量的0.2%。2014年我国太阳能装机容量为28199兆瓦，较2013年提高59.9%，占全世界太阳能装机容量的15.6%。2014年我国风能装机容量为114609兆瓦，比2013年提高25.4%，在全球占30.7%。

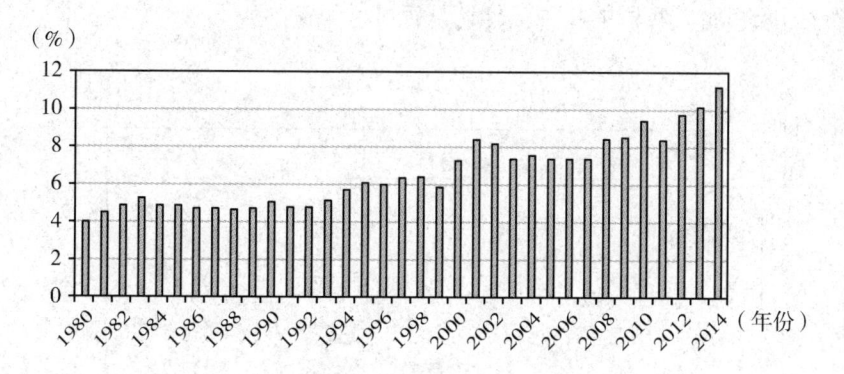

**图3-6 水电等消费占能源总消费的比重变化趋势**

资料来源：国家统计局。

## 3.3 中国能源强度变化趋势

在我国以煤炭为主的能源结构背景下，我国每年消耗大量的能源，同时经济也呈现出高速增长的趋势。衡量我国经济对能源消耗的一个指标是能源强度，该指标体现了能源利用的经济效益。能源强度常用的计算方法是单位国内生产总值（GDP）所需消耗的能源，常用的单位为"吨标准煤/万元"。

$$能源强度 = 能源消耗量/GDP$$

如图3-7所示，中国自改革开放以来的能源强度变化趋势，从图中可以看出，能源强度逐年降低，表明能源利用的经济效益逐渐提高。1980年，中国的能源强度高达13.24吨标准煤/万元，经济发展属于能源消耗粗放型，能源利用效率极低，这和我国能源消费以煤炭为主相关。1980~

1995年，能源强度下降速度较快，1995年我国能源轻度降低到了2.16吨标准煤/万元。1995~2014年，能源强度下降速度趋缓，到2014年，我国的能源强度为0.67吨标准煤/万元，即生产一万元的GDP需要消耗0.67吨标准煤的能源。我国的能源强度从1980年以来已经下降了很多，但是与发达国家相比，我国的能源强度还是很高。

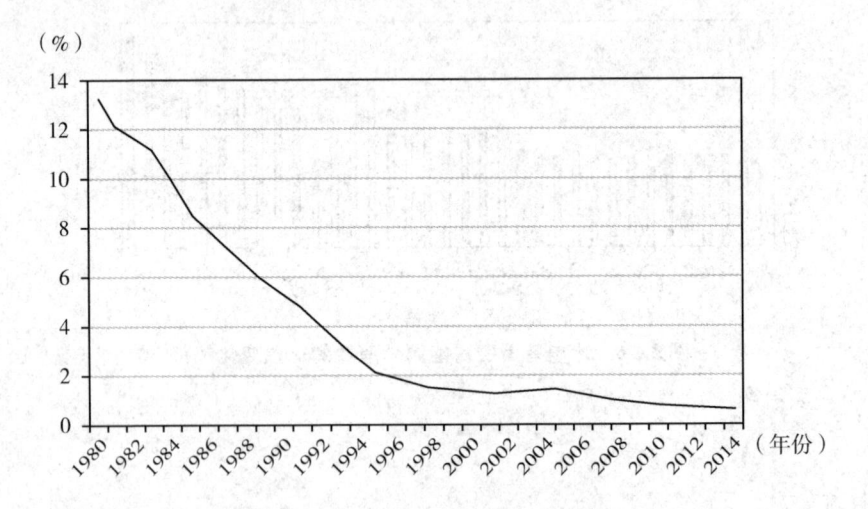

图3-7 中国能源强度变化趋势

资料来源：国家统计局。

从图3-8中可以看出，与其他发达国家相比，2014年中国的能源强度依然很高，高达4.09吨标准煤/万美元。中国的GDP在世界排名第二，能源消耗量却高居第一。美国作为世界经济总量第一国家，其能源强度为1.89吨标准煤/万美元。德国作为制造业最发达的国家之一，非常注重技术的使用，包括如何提高能源使用效率，最大限度地降低了能源的消耗。所以德国的能源限度最低，仅为1.15吨标准煤/万美元。

(吨标准煤/万美元)

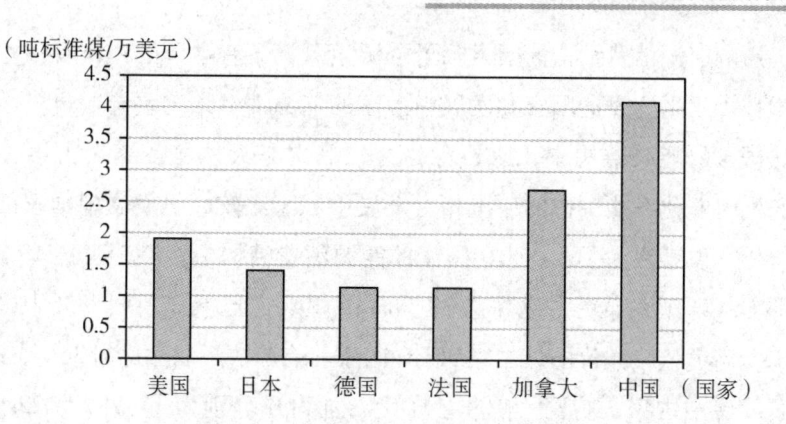

图 3-8 2014 年世界主要国家能源强度

资料来源：BP 世界能源统计 2015。

## 3.4 世界主要国家能源消费结构

2014 年，世界主要发达国家和发展中国家的能源消费结构如表 3-1 所示。从表 3-1 中可以看出，2014 年，世界能源消费结构中，化石能源占主导地位，其中煤炭占比 30.03%，石油占比 32.57%，天然气占比 23.71%，化石能源合计占比 86.31%。非化石能源包括核能、水能等其他可再生能源，其比重为 13.69%。

表 3-1 2014 年世界主要发达国家和发展中国家能源消费结构　　单位：%

| | 煤炭 | 石油 | 天然气 | 核能 | 水能 | 可再生能源 |
|---|---|---|---|---|---|---|
| 美国 | 19.72 | 36.37 | 30.25 | 8.26 | 2.57 | 2.83 |
| 德国 | 24.87 | 35.85 | 20.53 | 7.06 | 1.49 | 10.19 |
| 英国 | 15.72 | 36.90 | 31.94 | 7.68 | 0.71 | 7.04 |
| 日本 | 27.75 | 43.16 | 22.20 | 0.00 | 4.34 | 2.55 |
| OECD | 19.14 | 36.96 | 26.05 | 8.18 | 5.74 | 3.93 |
| 中国 | 66.03 | 17.51 | 5.62 | 0.96 | 8.10 | 1.79 |
| 南非 | 70.59 | 22.97 | 2.91 | 2.87 | 0.20 | 0.46 |
| 印度 | 56.47 | 28.33 | 7.14 | 1.23 | 4.64 | 2.18 |
| 非 OECD | 38.08 | 29.33 | 21.98 | 1.67 | 7.58 | 1.36 |
| 世界 | 30.03 | 32.57 | 23.71 | 4.44 | 6.80 | 2.45 |

资料来源：BP 世界能源统计 2015。

影响能源消费结构的因素除了资源禀赋，还有本国的经济发展水平和科学技术水平。发达国家和发展中国家的能源消费结构差异明显。欧美等发达国家的能源结构中，以石油为主，其次是天然气，煤炭占第三大比重，同时非化石能源占的比重相对发展中国家比较高。发展中国家的能源结构中，以煤炭为主。OECD国家的能源消费结构中，煤炭占比19.14%，而非OECD国家煤炭占比高达38.08%。煤炭占比差异说明发展中国家能源消费高度依赖廉价的煤炭。OECD国家的能源消石油占比为36.96%，而主要发展中国家，中国、南非、印度石油占比分别为17.51%、22.97%、28.33%，非OECD国家平均仅仅为29.33%；OECD国家的非化石能源比重为17.85%，而非OECD国家仅仅是10.61%（见图3-9）。

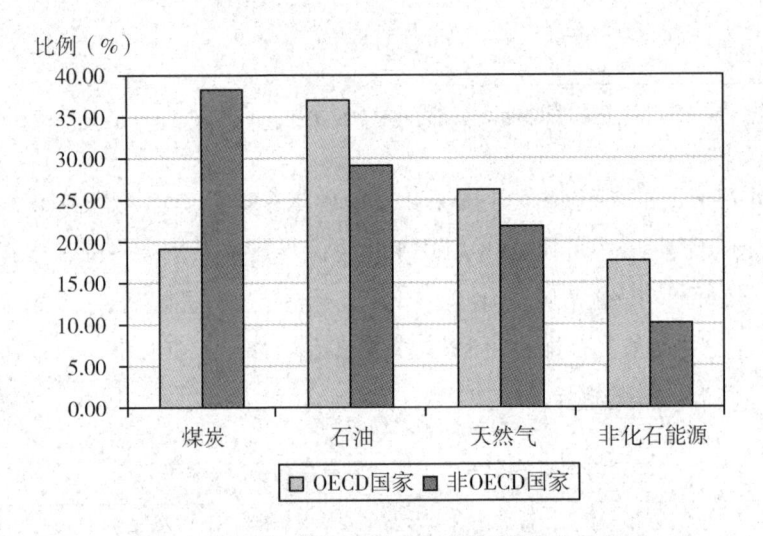

**图3-9 OECD国家与非OECD国家能源结构对比**

资料来源：BP世界能源统计2015。

煤炭的特点是容易开发、比较廉价。发展中国家由于经济比较落后，能源开发技术有限，所以目前仍然是以煤炭为主。发展中国家的第一要务是发展，能源市场化的结果是煤炭主导了发展中国家的经济发展。而发达国家由于已经完成工业化和城市化，煤炭的消费比例逐渐减少，国内能源消费以石油为主，但是石油的比例有减无增，其他非化石能源不断增长。二氧化碳排放的主要来源是煤炭消费，发达国家在经济发展达到高层次以后，利用先进的科学技术开发清洁能源。发达国家在20世纪80年代就率先大力发展核电工业，非化石能源的比重不断提高。2014年，美国和欧洲地区国家的核能消费占整个世界的比例达到了79.4%。这个数据说明清洁能源消费主要集中在发达国家。核电发展最突出的是法国，1980年，法国的核能消费只有13.9万吨标准油，2014年已经上升到了98.6万吨标准油，占全世界的比例高达17.2%。2014年，法国在能源结构中，核能占比高达41.53%，法国在能源"去碳化"已经走在了世界的前列。

## 3.5 我国能源结构的特点

从以上的数据分析可以看出我国能源结构特点是化石能源占据绝大多数，其中以煤炭为主，非化石能源比例极小。（1）中国产煤量世界第一，产量占全世界的比重高达37%。同时中国也是世界第一煤炭消费大国，2014年煤炭消费占全世界的50.6%，煤炭在中国的能源消费中一直占据最大的比重。1980~2014年，三十几年间，煤炭消费占总能源消费的平均比重高达72.40%。（2）石油的自给率低，供需缺口巨大导致每年需要进口大量的石油。2014年中国石油产量仅占全世界的5%，而中国石油消费占全世界的12.4%。1980~2014年，中国能源消费结构中，石油年均占比为18.32%。（3）中国天然气储存量低，巨大多数的天然气消费依靠进口。我国能源消费结构中，天然气占比很小，1980~2014年，年平均占比仅仅为2.68%。（4）清洁能源占比很小。2014年清洁能源占能源消费总量的11.2%。1980~2014年，清洁能源平均占比为6.60%。新能源使用效率不高，现在仅仅为10%。具有很大的提升空间，我国具有辽阔的地域，其中蕴藏着丰富的风能、太阳能、生物质能等可再生能源，可见未来我国的新能源领域具有广大的发展空间。

中国能源消费结构一直以煤炭为主，并且在今后一段时间内煤炭仍将持续占据主导地位。煤炭的大量消耗是二氧化碳、氮氧化物、粉尘等环境污染物的排放量持续上升的罪魁祸首。据英国石油公司（BP）统计，1970年世界二氧化碳的排放量约为148.81亿吨，2014年上升至354.99亿吨，年均增长率为2%。我国二氧化碳的排放总量在2007年超过美国成为全球首位，二氧化硫的排放量也全球居于首位。2014年我国二氧化碳排放量达到了97.61亿吨，而我国煤炭的消耗贡献了70%的二氧化碳排放量、90%二氧化硫排放量、66.7%的氮氧化物排放量。作为一次性能源，煤炭资源具有不可再生性，而且煤炭消费排放物使环境污染日益严重。中国以煤炭为主的能源结构导致二氧化碳排放量每年持续增长，能源消费对煤炭的依赖性不利于可持续发展。发达国家完成工业化和城市化以后，逐渐降低了煤炭消费的比例，转而增加清洁能源的消费。

清洁能源比例低。我国能源结构长期以来以化石能源为主，核能、水能、风能消费比例不高。核能、水能、风能作为清洁能源，消费过程中不产生二氧化碳排放，我国应该增加清洁能源的消费比重。2014年中国的核能消费为28.6百万吨标准油当量，在总能源消费总量中仅仅占0.96%，而美国2014年核能消费为189.8百万吨标准油当量，占其能源总消费的8.26%；2014年中国的可再生能源消费为53.1百万吨标准油当量，在总能源消费总量中仅仅占1.79%，而美国2014年可再生能源消费为65百万吨标准油当量，占其能源总消费的2.83%。我国非化石能源的消费长期保持很低的比例导致我国环境日益恶化，不利于能源结构的优化，天然气相对于煤炭、石油而言，还是比较清洁，燃烧污染物排放比较少。但是天然气在我国的能源结构中比例同样很小，远不及发达国家。我国二氧化碳排放持续增长，受到了很大的国际压力。中国提出2030年碳排放达到峰值的目标将会调整我国现有的能源消费结构。

# 第4章

# 中国能源市场分割对全要素能源效率的影响分析

## *4.1* 能源市场分割水平的测度

　　研究地区能源市场分割情况最主要的任务就是测量能源市场分割的程度。目前关于市场分割的研究，主要都是集中在商品市场的整合分割方面（桂琦寒等，2006；陆铭等，2009；刘小勇，2010），纯粹研究能源市场分割情况的文献少之又少，所以本书对能源市场分割程度的测度参考的是现有文献对于商品市场分割度的测度方法。现有的研究中，主要使用了"贸易流法"（Naughton，1999；Poncet，2002，2003）、"生产法"（Young，2000；Xu，2002）、"专业指数法"（白重恩等，2004）和"价格法"（桂琦寒等，2006；陆铭等，2009）。由于本书对于能源市场分割度的测度需要构建一个数据库，所以本书参照"价格法"，通过构造能源相对价格方差方法来研究地区间能源市场分割程度。

　　采用"价格法"来度量市场分割程度这一思想来自 Samuelson（1954）的"冰川成本"模型，该模型是一价定律（Law of One Price）的修正和补充。由于商品在两地交易运输过程中存在路上损耗、毁坏等风险，构成了交易成本，使得商品的价值在贸易过程中会像冰川一样融化掉一部分，即"冰川成本"。所以同样的商品在两地间的价格不可能相同，而且两地间的相对价格将在一定的区间内上下波动。以 i, j 两个地区为例，假设某一种相同的商品，其在 i 地的售价为 $P_i$，在 j 地的售价为 $P_j$，令交易成本（泛指该商品在两个地区间的贸易而造成的商品损耗）的大小为每单位售价的一个比例 $c(0<c<1)$。此时，只有满足 $P_i<P_j(1-c)$ 或者 $P_j<P_i(1-c)$ 条件时，两地之间才存在套利可能，该商品在两地之间的交易才能实现。反之，如果上述条件不能满足时，该商品在两地相对价格 $P_i/P_j$ 会在无套利区间 $[1-c,1/(1-c)]$ 内上下波动。所以，即使两个地区间市场是整合的，不存在市场分割，商品的两地相对价格 $P_i/P_j$ 也不完全趋近于1，是在一定的范围内波动。

采用构造相对价格方差的分析方法，需要 $t \times m \times k$ 的三维面板数据。其中，t 为年份，m 为地区，k 为能源种类。地区相对价格方差的计算步骤如下：

（1）计算两地相对价格的绝对值 $|\Delta Q_{ijt}^k|$，其中，$\Delta Q_{ijt}^k = Ln(P_{it}^k/P_{jt}^k)$

（2）为了计算出更准确的实际相对价格方差值，需要采用去均值（de-mean）的方法消除和这种特定能源种类相联系而产生的固定效应（fixed-effects）所带来的系统偏误（Parsley 等，2001）。具体操作方法是：假设 $|\Delta Q_{ijt}^k|$ 是由 $\alpha^k$ 和 $\varepsilon_{ijt}^k$ 两项组成的，$\alpha^k$ 仅仅和能源种类 k 相关，$\varepsilon_{ijt}^k$ 与 i 地、j 地特殊的市场环境相关联。为了消除 $\alpha^k$ 项，需要对给定年份 t、给定能源种类 k 的 $|\Delta Q_t^k|$ 求取平均值 $\overline{|\Delta Q_t^k|}$，再分别用每个 $|\Delta Q_{ijt}^k|$ 减去该平均值。采用去均值方法得到 $|\Delta Q_{ijt}^k| - \overline{|\Delta Q_t^k|} = (\alpha^k - \overline{\alpha^k}) + (\varepsilon_{ijt}^k - \overline{\varepsilon_{ijt}^k})$，令 $q_{ijt}^k = \varepsilon_{ijt}^k - \overline{\varepsilon_{ijt}^k} = |\Delta Q_{ijt}^k| - \overline{|\Delta Q_t^k|}$。求得的 $q_{ijt}^k$ 就是用来计算方差的相对价格变动部分，与能源种类本身无关，仅仅是和不同地区间的市场分割因素及其他一些随机因素相关。

（3）最后，将年份 t 和观测地区 i、j 固定不变，计算出给定年份两地区间各种能源之间相对价格变动部分的方差 $Var(q_{ijt}^k)$。

这里的 $Var(q_{ijt}^k)$ 代表了什么意思？在衡量一个市场分割或者整合的程度时，可以通过对其特定指标的分析判断来实现。本书需要测度的指标是一个由交易成本 c 造成的交易价格波动范围，其内在的经济含义是套利区间。根据 Samuelson 的"冰川成本"模型,如果这个套利区间越大,意味着市场分割的程度就越大。假使没有 k 种能源,只存在一个总的能源价格,那么就无法在一个时间点上观察到地区相对价格的波动范围。所以,该怎么做才能获取到在特定的时间点上地区相对价格的波动范围? 方法就是利用 k 种能源的价格信息。对于某种特定的能源 k 来说,它对应的 $q_{ijt}^k$ 已经是消除了和它自己相关联的信息,排除了因为固定效应产生的系统偏误,而只包含了地域间市场分割因素。其方差 $Var(q_{ijt}^k)$ 则可以用来度量两地区间由于市场分割因素所造成的套利区间的大小,即可以用来表示两地区间的市场分割情况。在这里,方差 $Var(q_{ijt}^k)$ 是一个时序数列,可以从这个数列中直接观测到方差随着时间推移的变化情况,便于检验能源市场分割情况的长期变化趋势。此外,在方差 $Var(q_{ijt}^k)$ 的计算过程中,综合利用了多种不同的能源价格信息,从而构成了对能源市场分割情况的总体检验。

### 4.1.1 数据收集和处理

本书的原始数据来源《中国能源统计年鉴》和各省市地方能源统计年鉴中的地区能源价格,为了保证数据的完整性和连续性,本书采用的数据涵盖了 2003~2014 年 12 年全国主要 3 种能源价格。因为能源价格数据较难获得,很多地区没有专门针对能源价格的统计,所以本书只选取了 3 种能够收集到数据的能源即天然气、93 号无铅汽油和 97 号无铅汽油。

对于地区相对价格方差的计算,本书采用了桂琦寒、陆铭等学者的思路,求出接壤的省、市、区的相对价格方差。由于我国是一个地域辽阔的国家,如果两个地区之间本身的地理距离非常遥远(例如黑龙江和海南之间、甘肃和浙江之间等),那么其地理因素很有可能就是导致地区市场分割的自然原因,不利于研究由非地理因素造成的市场分割。接壤省市之间是否存在市场分割,也可以作为判断我国能源市场分割情况的判断标准。所以,本书选择对接壤省市相对价格方差的分析研究。本书中关于接壤省、市、区的配对,是根据我国地图中省区市接壤情况划分的。

当计算出接壤省市的相对价格方差后，可以判断出地区与地区间的能源市场分割情况。为了进一步得到各个省市的能源市场分割度，需要再对数据做最后一步处理。将相对价格方差按地区合并，得到每一个地区与其接壤地区的相对价格方差平均值，即为该地区的能源市场分割度。比如，浙江的能源市场分割度就是浙江和上海之间、浙江和江苏之间、浙江和安徽之间的相对价格方差的平均值，同理，其他各个地区的能源市场分割度也是这样计算得到。因此，最后会得到能源市场分割度的观测值，表现了所有地区在2003~2014年12年间能源市场分割情况的变化。

地区划分：本书依照传统的区域划分方法，将这些省市划分为东部地区、中部地区和西部地区三个区域，从而更详细地了解我国不同区域范围内的能源市场分割情况和差异。其中，东部地区包括北京、天津、河北、辽宁、上海、江苏、浙江、山东和海南9个省市；中部地区包括吉林、黑龙江、安徽、河南、湖北和湖南6个省市；西部地区包括内蒙古、广西、重庆、四川、陕西、甘肃、青海和宁夏8个省市。

## 4.1.2 能源市场分割的测度

经过数据处理后，得到了352（=8×44）个相对价格方差数据和184（=8×23）个能源市场分割度的观测值。

首先，求得每年44个相对价格方差的平均值，从而得到2003~2010年全国能源市场分割情况的总体趋势（见图4-1）。

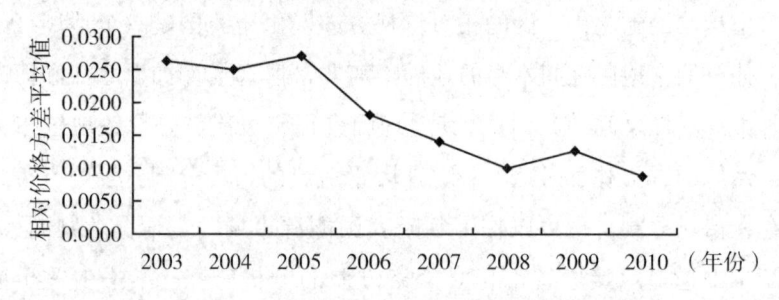

图4-1 2003~2010年全国能源市场分割趋势

### 第4章 中国能源市场分割对全要素能源效率的影响分析

从图4-1中可以明显地看到，在2003~2010年期间，除了2005年和2009年时全国相对价格方差平均值稍有上升外，其他基本上都在不断下降过程中，数值从2003年的0.0264下降到2010年的0.0089，这就意味着全国能源相对价格的波动在逐渐缩小。所以，全国能源市场分割趋势表现为在小幅度震荡过程中逐渐下降，国内能源市场日趋整合。2005年时数值出现上升，可能是当时我国出现较为严重的煤炭供给不足，地方政府采用市场分割和地方保护主义来控制当地能源的流动。而2009年能源市场分割程度的上升，本书认为是与2008年的金融危机有关，由于这一次危机，许多国家都纷纷采用了一系列的贸易保护政策来保护经济发展，这使得我国能源进出口受到了影响，地方政府为了保护当地企业和经济，所以也采取了一定程度的市场分割措施。

其次，将这些方差根据东、中、西三大区域相对应的分成三组，分别逐年求取组内平均值，从而得到三大区域能源市场分割的趋势（如图4-2所示）。

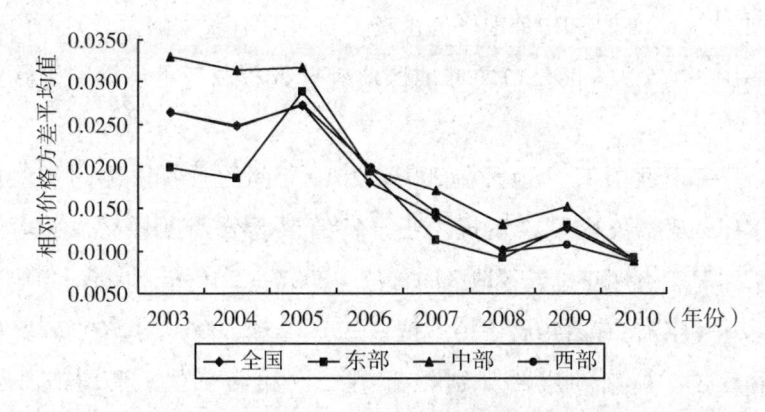

**图4-2 2003~2010年不同区域能源市场分割趋势**

如图4-2所示，东、中、西部三大区域的能源市场分割总体趋势都比较接近，且与全国情况类似，相对价格方差平均值呈现较为明显的下降趋势。虽然在2003年时，三大区域的方差差异较大，东部地区的方差最小，中部地区的最大，但是到2010年，三大区域的方差已经相差无几了。这表明三个区域的能源市场一体化程度也是在小幅度震荡过程中渐渐收敛的，能源市场整合程度在不断提高。

不过，这三大区域能源市场整合程度还是存在一定的差异。总体上来说，东部地区的相对价格方差平均值最小，平均为 0.0162；其次是西部地区，平均为 0.0178；最后是中部地区，平均值为 0.0212。这也就意味着东部地区的市场分割程度最低，中部地区的市场分割程度最高。从长期的整合速度来看，中部地区的市场整合程度变化最大，其分割指数从 2003 年的 0.03299 下降到 2010 年的 0.00877，市场整合程度在这 8 年期间提高了 3.76 倍，而东部和西部则分别提高了 2.17 和 3.06 倍。在 2005 年时三大区域的相对价格方差平均值都出现了上升阶段，但是幅度并不相同，东部地区上升的幅度最高。在 2004 年时，其数值为 0.0186，2005 年为 0.0288，增幅为 55%，西部地区为 11%，中部地区为 1%。东部沿海地区是我国能源相对缺乏地区，能源大量依靠进口或者是从其他省市购买，2005 年煤炭资源供给紧张，给东部地区的发展带来了较大的压力，使得当地政府不得不采取程度较高的市场分割措施来保护当地的发展。在 2009 年时，由于金融危机的影响，东部和中部地区的市场分割度都有较大的上升，而西部地区的变化较小，这可能是由西部地区对外开放程度较低，受到国际影响较小。

表 4-1 是我国 23 个地区在 2003~2010 年间的市场分割度的观测值。从这 184 个观察值中可以发现，辽宁省的市场分割度最高，平均值为 0.04842，其曾有四年位居各地区的首位（2007~2010 年），有一年居于第二位（2004 年），有两年居于第三位（2003 年和 2006 年），在 2005 年时处于第五位。湖南和广西分别排于第二位和第三位，平均值分别为 0.03929 和 0.03199。从 2003~2010 年间，23 个地区能源市场分割度的变化幅度差异明显：海南的下降幅度最大，由 2003 年的 0.01077 下降到 2010 年的 0.00008，下降幅度高达 99.25%；其次是江苏，2003 年为 0.02809，2010 年为 0.00266，下降了 90.53%；北京的能源市场分割度不降反升，由 2003 年的 0.01092 上升到 2010 年的 0.01247，上升幅度为 14.21%，这可能是因为北京是中国的政治中心，地方政府相对强势，政府对市场的干

预行为较多，使得其市场整合进度较慢。

表4-1　　　　　　　2003~2010年各地区能源市场分割度

|   | 地区 | 2003年 | 2004年 | 2005年 | 2006年 | 2007年 | 2008年 | 2009年 | 2010年 | 平均值 |
|---|---|---|---|---|---|---|---|---|---|---|
| 东部 | 北京 | 0.011 | 0.012 | 0.014 | 0.007 | 0.011 | 0.008 | 0.009 | 0.012 | 0.011 |
|  | 天津 | 0.012 | 0.011 | 0.013 | 0.002 | 0.003 | 0.005 | 0.006 | 0.004 | 0.007 |
|  | 河北 | 0.014 | 0.015 | 0.015 | 0.010 | 0.008 | 0.005 | 0.011 | 0.007 | 0.011 |
|  | 辽宁 | 0.047 | 0.048 | 0.046 | 0.052 | 0.052 | 0.043 | 0.064 | 0.037 | 0.048 |
|  | 上海 | 0.023 | 0.013 | 0.023 | 0.016 | 0.006 | 0.003 | 0.011 | 0.010 | 0.013 |
|  | 江苏 | 0.028 | 0.024 | 0.028 | 0.012 | 0.008 | 0.005 | 0.005 | 0.003 | 0.014 |
|  | 浙江 | 0.011 | 0.011 | 0.007 | 0.012 | 0.008 | 0.006 | 0.005 | 0.006 | 0.008 |
|  | 山东 | 0.023 | 0.023 | 0.021 | 0.006 | 0.002 | 0.003 | 0.006 | 0.002 | 0.011 |
|  | 海南 | 0.011 | 0.011 | 0.092 | 0.061 | 0.003 | 0.003 | 0.001 | 0.000 | 0.023 |
| 中部 | 吉林 | 0.022 | 0.022 | 0.020 | 0.005 | 0.011 | 0.014 | 0.029 | 0.012 | 0.017 |
|  | 黑龙江 | 0.041 | 0.045 | 0.039 | 0.022 | 0.031 | 0.013 | 0.017 | 0.009 | 0.027 |
|  | 安徽 | 0.017 | 0.017 | 0.019 | 0.012 | 0.006 | 0.010 | 0.008 | 0.004 | 0.012 |
|  | 河南 | 0.022 | 0.021 | 0.024 | 0.019 | 0.007 | 0.006 | 0.007 | 0.006 | 0.014 |
|  | 湖北 | 0.028 | 0.023 | 0.027 | 0.018 | 0.015 | 0.013 | 0.012 | 0.009 | 0.018 |
|  | 湖南 | 0.068 | 0.059 | 0.061 | 0.042 | 0.032 | 0.023 | 0.018 | 0.013 | 0.039 |
| 西部 | 内蒙古 | 0.039 | 0.042 | 0.038 | 0.033 | 0.031 | 0.015 | 0.020 | 0.014 | 0.029 |
|  | 广西 | 0.021 | 0.022 | 0.061 | 0.061 | 0.026 | 0.028 | 0.022 | 0.015 | 0.032 |
|  | 重庆 | 0.077 | 0.031 | 0.015 | 0.017 | 0.017 | 0.008 | 0.014 | 0.009 | 0.024 |
|  | 四川 | 0.019 | 0.043 | 0.056 | 0.021 | 0.018 | 0.011 | 0.010 | 0.008 | 0.023 |
|  | 陕西 | 0.018 | 0.011 | 0.014 | 0.006 | 0.000 | 0.003 | 0.009 | 0.010 | 0.009 |
|  | 甘肃 | 0.010 | 0.010 | 0.012 | 0.009 | 0.011 | 0.004 | 0.003 | 0.004 | 0.008 |
|  | 青海 | 0.015 | 0.026 | 0.012 | 0.001 | 0.009 | 0.009 | 0.005 | 0.005 | 0.010 |
|  | 宁夏 | 0.013 | 0.011 | 0.012 | 0.012 | 0.005 | 0.003 | 0.003 | 0.004 | 0.008 |
|  | 全国 | 0.026 | 0.025 | 0.027 | 0.018 | 0.014 | 0.010 | 0.013 | 0.009 | 0.018 |

## 4.2 全要素能源效率测度

### 4.2.1 基于 DEA 的全要素能源效率模型

目前关于全要素能源效率的研究，往往都是运用非参数的数据包络分析（data envelopment analysis，DEA）方法，即把多种投入要素的相互作用考虑进去的一种能源效率研究方法。

Farrell（1957）最早想出了 DEA 方法，他提出一个创新性的观点，即可通过构造一个非参数的线性凸面来估计生产前沿，或者通过某一个参数函数来拟合数据。在这个观点上，Charnes 等（1978）发展出第一个基本的 DEA 模型，即基于规模报酬不变（constant return to scale，CRS）的 DEA 模型（CCR 模型），可以研究 N 个决策单元（decision marking unit，DMU）为了 M 种产出的时候需要投入 K 种生产要素的效率问题。在这之后，DEA 模型引起了大家的关注和广泛运用，逐渐衍生出适合不同情况使用的多种 DEA 模型。例如，Banker 等（1984）就放宽了 CCR 模型中关于规模报酬不变的这一假设，进一步提出了基于规模报酬可变（variable return to scale）的 DEA 模型。

DEA 方法是一种数学分析过程，是运用线性规划技术来评价决策单元（DMU）的效率水平。每一个 DMU 都有其经济意义，运用线性规划和统计数值来构建出一条相对有效的非参数的生产前沿面，并将每个决策单元投影到这个生产前沿面上，之后通过将决策单元偏离 DEA 前沿面的程度进行比较，从而评价出这些决策单元的相对有效性。有效的点就会位于前沿面上，反之，无效点则会位于前沿面的下方，并且可以根据其偏离程度来评价其效率的大小。假设有 N 个决策单元，每一个单元要生产 M 种产出，需要投入 K 种生产要素，则第 i 个决策单元的效率就是求解下面这个线性规划问题：

$$\underset{\theta,\lambda}{\text{Min}}\theta \tag{4.1}$$

$$\text{s. t.} \quad -y_i + Y\lambda \geq 0 \tag{4.2}$$

$$\theta x_i - X\lambda \geq 0 \tag{4.3}$$

$$\lambda \geq 0 \tag{4.4}$$

其中，$\theta$ 是个标量，表示的是投入要素相对于产出的有效使用程度，求解得到的 $\theta$ 就是第 i 个决策单元的效率值，$\lambda$ 是一个 $N \times 1$ 维的常数向量。一般情况下，$\theta \leq 1$。如果 $\theta = 1$，则意味着该决策单元是位于生产前沿面上的，是一个技术效率完美的决策单元；如果 $\theta < 1$，则表明存在着 $1 - \theta$ 的技术效率损失。本书关注的重点是生产投入要素，所以本书运用的是规模报酬不变假设下的投入导向型 DEA 模型。

Hu 等（2006）基于全要素生产率框架，最早运用非参数的 DEA 方法构建了全要素能源效率指标（TFEE）。其主要思想是，在保证多种投入要素中，除了能源投入要素外，其他投入要素保持不变的前提下，通过将一定产出所需要的前沿面上最优能源投入量与实际能源投入量的比值来计算全要素能源效率。该思想弥补了传统的单要素能源效率指标投入要素单一的缺陷，在计算过程中增加了劳动力、资本等实际生产过程中所需要投入的其他多种要素，更符合现实研究。因此，本书运用了其思想来构造全要素能源效率测度模型。

如图 4-3 所示是一个基于规模报酬不变假设下的投入导向型 DEA 模型。假设有 4 个决策单元，分别为 A、B、C、D，其单位化的产出水平由能源投入要素和其他投入要素（包括资本和劳动力等）来决定。SS' 为等产量线，即现实条件下的最优前沿线，前沿线上的 C 点和 D 点表示是有效率的，是最优前沿；A 点和 B 点则不在前沿线上，而是在前沿线的上方，意味着对于同样的产出水平，A 点和 B 点需要耗费更多的要素投入，即存在着一定的效率损失。A'点是 A 点在前沿线上的投影点，B'点是 B 点在前沿线上的投影点，根据 Farrell（1957）的定义，决策单元 A 和 B 的效率分别为 OA′/OA、OB′/OB。B′点是 B 点改进的有效目标点，决策单元 B 存在着 BB′这一段的效率损失。由于存在能源投入松弛问题，A′点并不是 A 点改进的有效目标点，因为 A′点可以通过进一步减少能源投入 A′C 达到 C 点，而产出水平维持不变。因此，对于决策单元 A 来说，有效目标点并不是 A′点，而是 C 点，即决策单元 A 的要素效率损失就不仅仅是 AA′这一段了，而是包括了两部分：一部分是 AA′这段，即由于决策单元的技术无效率而造成的所有投入要素过多；第二部分是 A′C 这段，即由于配置不当而造成的松弛量。所以，对于决策单元 A 来说，要达到前沿线上的有效目标点 C，需要调整的能源投入要素数量为 AC = AA′ + A′C。从这个角度来说，如果 AC 越大，意味着在生产过程中浪费的能源越多，能源利用效率越低；反之，如果 AC = 0，即不再需要调整能源投入数量，则意味着能源投入已经处于最优前沿点，此时能源利用效率为 1。

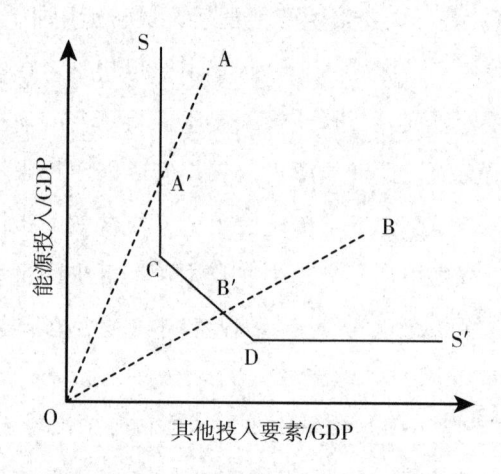

图 4-3　投入导向型的 DEA 模型

依据对效率的定义和上述分析，可以将地区全要素能源效率定义为式 (4.5)：

$$TFEE_{i,t} = \frac{TEI_{i,t}}{AEI_{i,t}} = \frac{AEI_{i,t} - LEI_{i,t}}{AEI_{i,t}} = 1 - \frac{LEI_{i,t}}{AEI_{i,t}} \quad (4.5)$$

其中，i 为第 i 个地区，t 为时间，TFEE 为全要素能源效率值，TEI

(Target Energy Input）为能源的目标投入量，即在目前的生产条件下，为了达到一定的产出水平所需要的最少的能源投入量；AEI（Actual Energy Input）为能源的实际投入量；LEI（Loss Energy Input）为损失的能源投入量。

进一步地，如果想要测算某个区域在某一年的全要素能源效率值，则可以通过式（4.6）得到。

$$\text{TFEE}_{K,t} = \frac{\sum_{i \in K} \text{TEI}_{i,t}}{\sum_{i \in K} \text{AEI}_{i,t}} = 1 - \frac{\sum_{i \in K} \text{LEI}_{i,t}}{\sum_{i \in K} \text{AEI}_{i,t}} \quad (4.6)$$

$\text{TFEE}_{K,t}$表示第 K 个区域在第 t 年的全要素能源效率，它等于这个区域内包含的所有地区的能源目标投入量总和与能源实际投入量总和的之比。

在现实生产过程中，由于实际能源投入量不可能少于目标能源投入量，所以总有 $0 < \text{TFEE} \leq 1$。若 TFEE = 1，则意味着实际能源投入量等于目标能源投入量，也就是没有能源投入的损失，能源使用效率达到最优；反之，TFEE 值越小，表明实际能源投入量与目标能源投入量差距越大，生产过程中损失掉的能源就越大，能源效率就越低。

## 4.2.2 投入—产出变量的说明与数据来源

本书研究的全要素能源效率是以中国 30 个省、直辖市、自治区（以下简称为地区，由于西藏地区的数据缺失较多，因此并不包括在内）2000~2010 年的投入产出数据为样本，以各个地区实际生产总值（即 GDP）作为产出要素，并假定在生产环节中需要投入能源、资本和劳动力三种生产要素。因此，该生产函数可以表示为：

$$Y = f\{E, K, L\} \quad (4.7)$$

（1）产出变量 Y。本书选取各个地区每年的生产总值（GDP），并以 2000 年不变价格进行换算，得到实际生产总值作为产出变量，数据来源于

2000~2010年的《中国统计年鉴》。

(2) 投入变量。能源 E：本书使用 30 个地区每年的能源消费总量，并折算成标准煤，单位为万吨标准煤。数据来源于各年的《中国能源统计年鉴》。

资本 K：目前大部分的相关研究都采用资本存量来表示资本投入，一般使用"永续盘存法"来计算每年的资本存量，即当年的资本存量等于当年的投资量与上一年年末的实际资本存量之和。

公式表示为：

$$K_{i,t+1} = I_{i,t+1} + (1 - \delta_i) K_{i,t}$$

其中，$K_{i,t+1}$ 表示地区 i 在第 t+1 年的资本存量；$K_{i,t}$ 表示地区 i 在第 t 年的资本存量；$I_{i,t+1}$ 表示地区 i 在第 t+1 年的投资量；$\delta_i$ 则表示了地区 i 的固定资产折旧率。

由于张军等（2004）已经深入研究过中国省际资本存量的估算，估算了中国各地区 1952~2000 年的资本存量，因此本书就主要参考了其已有的研究成果，以 2000 年当年价格衡量获得的各个地区的资本存量为基准计算，与产出变量价格保持一致，取 $\delta_i = 0.096$。投资量 I 则用各个地区每年的固定资产投资来表示。数据来源于相应年份的《中国统计年鉴》。

劳动力 L：对于劳动力投入要素的衡量指标，国外的学者往往采用工作时数来表示。而国内学者的选取的方法主要有两种：一是将社会上的各地就业人数总量作为劳动力要素投入量。这种方法的优势在于数据容易收集，计算起来非常简便；另一种方法主要是要考虑到各个地区的人均受教育水平和劳动素质，要经过一定方法的转换，最终得到实际的人力资本作为劳动力要素投入量。这种方法较第一种方法来说，更符合实际，更能代表各地区的差异。但是由于数据难收集、计算复杂，至今没有标准的公认的转换方法。因此，本书选择各地区城镇就业人数总量作为劳动力投入要素的衡量指标。由于统计年鉴上查询到的就业人数往往都是年末的数据，并不能完全代表当年的就业人数，所以在这里参照 Hu 等（2006）、魏楚等

(2007a，2007b) 学者的研究，将上一年年末的就业人数和当年年末的就业人数的平均值作为当年就业人数总量。公式表示为：

$$当年就业人数 = (上一年年末就业人数 + 当年年末就业人数)/2$$

数据来源与 2000~2010 年的《中国统计年鉴》。由于缺失 1999 年各个地区的年末就业人数，所以，2000 年的就业人数直接采用当年年末的就业人数来替代。

地区划分：为了考察我国较大区域之间的能源效率趋势和差异，也将这 30 个省市划分为东部、中部和西部地区。其中，东部地区包括北京、天津、河北、辽宁、上海、江苏、浙江、福建、山东、广东和海南 11 个省市；中部地区包括山西、吉林、黑龙江、安徽、江西、河南、湖北和湖南 8 个省市；西部地区包括内蒙古、广西、重庆、四川、贵州、云南、陕西、甘肃、青海、宁夏和新疆 11 个省市自治区。

各变量的相关统计性描述如表 4-2 所示。

表 4-2　　2000~2010 年各地区投入产出变量的统计性描述

| 指标 | 单位 | 样本量 | 均值 | 标准差 | 最大值 | 最小值 |
| --- | --- | --- | --- | --- | --- | --- |
| GDP（Y） | 亿元 | 330 | 6262.57 | 5816.16 | 36021.08 | 263.68 |
| 能源（E） | 万吨标煤 | 330 | 5480.28 | 3101.39 | 13477 | 480 |
| 资本（K） | 亿元 | 330 | 14811.43 | 14523.37 | 89864.87 | 739 |
| 劳动力（L） | 万人 | 330 | 590.64 | 342.14 | 1506.40 | 69.69 |

## 4.2.3　实证结果分析

根据规模报酬不变假设下的投入导向型 DEA 模型，使用 DEAP2.1 计量分析软件包和相关数据，可以计算得到 2000~2010 年中国 30 个地区的全要素能源效率值，见表 4-3。

表4-3　　　　　　　2000~2010年各地区的全要素能源效率

| 地区 | | 2000年 | 2001年 | 2002年 | 2003年 | 2004年 | 2005年 | 2006年 | 2007年 | 2008年 | 2009年 | 2010年 | 平均值 |
|---|---|---|---|---|---|---|---|---|---|---|---|---|---|
| 东部 | 北京 | 0.60 | 0.65 | 0.69 | 0.73 | 0.84 | 0.91 | 0.93 | 0.97 | 1.00 | 1.00 | 1.00 | 0.85 |
| | 天津 | 0.58 | 0.56 | 0.61 | 0.66 | 0.67 | 0.72 | 0.73 | 0.74 | 0.76 | 0.77 | 0.75 | 0.69 |
| | 河北 | 0.43 | 0.43 | 0.42 | 0.41 | 0.39 | 0.40 | 0.40 | 0.41 | 0.42 | 0.43 | 0.43 | 0.42 |
| | 辽宁 | 0.60 | 0.41 | 0.45 | 0.47 | 0.47 | 0.52 | 0.53 | 0.53 | 0.53 | 0.54 | 0.56 | 0.51 |
| | 上海 | 0.68 | 0.70 | 0.74 | 0.77 | 0.89 | 0.91 | 0.92 | 0.95 | 0.95 | 0.96 | 0.96 | 0.86 |
| | 江苏 | 0.80 | 0.86 | 0.89 | 0.86 | 0.90 | 0.86 | 0.86 | 0.87 | 0.88 | 0.89 | 0.89 | 0.87 |
| | 浙江 | 0.81 | 0.80 | 0.80 | 0.80 | 0.90 | 0.90 | 0.89 | 0.89 | 0.89 | 0.89 | 0.89 | 0.86 |
| | 福建 | 1.00 | 1.00 | 1.00 | 1.00 | 1.00 | 1.00 | 1.00 | 1.00 | 1.00 | 1.00 | 1.00 | 1.00 |
| | 山东 | 0.87 | 0.79 | 0.79 | 0.76 | 0.61 | 0.60 | 0.61 | 0.62 | 0.62 | 0.64 | 0.66 | 0.69 |
| | 广东 | 1.00 | 1.00 | 1.00 | 1.00 | 1.00 | 1.00 | 1.00 | 1.00 | 1.00 | 1.00 | 1.00 | 1.00 |
| | 海南 | 0.86 | 0.85 | 0.73 | 0.70 | 0.90 | 0.93 | 0.91 | 0.89 | 0.87 | 0.85 | 0.86 | 0.85 |
| 中部 | 山西 | 0.37 | 0.22 | 0.21 | 0.22 | 0.23 | 0.24 | 0.24 | 0.24 | 0.25 | 0.26 | 0.26 | 0.25 |
| | 吉林 | 0.85 | 0.47 | 0.46 | 0.44 | 0.45 | 0.54 | 0.55 | 0.55 | 0.56 | 0.57 | 0.57 | 0.55 |
| | 黑龙江 | 0.66 | 0.49 | 0.54 | 0.53 | 0.54 | 0.58 | 0.58 | 0.59 | 0.59 | 0.60 | 0.61 | 0.57 |
| | 安徽 | 0.60 | 0.53 | 0.56 | 0.56 | 0.62 | 0.65 | 0.66 | 0.66 | 0.67 | 0.66 | 0.67 | 0.62 |
| | 江西 | 0.91 | 0.80 | 0.79 | 0.77 | 0.70 | 0.72 | 0.73 | 0.73 | 0.75 | 0.73 | 0.74 | 0.76 |
| | 河南 | 0.66 | 0.57 | 0.60 | 0.60 | 0.50 | 0.53 | 0.53 | 0.54 | 0.54 | 0.56 | 0.57 | 0.56 |
| | 湖北 | 1.00 | 0.55 | 0.54 | 0.52 | 0.49 | 0.51 | 0.51 | 0.52 | 0.53 | 0.54 | 0.55 | 0.57 |
| | 湖南 | 0.93 | 0.72 | 0.71 | 0.71 | 0.59 | 0.54 | 0.54 | 0.55 | 0.56 | 0.56 | 0.56 | 0.63 |
| 西部 | 内蒙古 | 0.63 | 0.36 | 0.36 | 0.37 | 0.31 | 0.31 | 0.31 | 0.32 | 0.33 | 0.35 | 0.36 | 0.37 |
| | 广西 | 0.84 | 0.72 | 0.71 | 0.69 | 0.63 | 0.64 | 0.64 | 0.64 | 0.63 | 0.63 | 0.62 | 0.67 |
| | 重庆 | 0.45 | 0.56 | 0.57 | 0.70 | 0.64 | 0.55 | 0.55 | 0.56 | 0.59 | 0.61 | 0.62 | 0.58 |
| | 四川 | 0.80 | 0.54 | 0.54 | 0.49 | 0.48 | 0.50 | 0.51 | 0.51 | 0.51 | 0.53 | 0.55 | 0.54 |
| | 贵州 | 0.28 | 0.22 | 0.23 | 0.21 | 0.22 | 0.27 | 0.27 | 0.27 | 0.28 | 0.28 | 0.28 | 0.25 |
| | 云南 | 0.52 | 0.50 | 0.47 | 0.51 | 0.48 | 0.47 | 0.46 | 0.47 | 0.47 | 0.48 | 0.48 | 0.48 |
| | 陕西 | 0.63 | 0.52 | 0.50 | 0.53 | 0.50 | 0.51 | 0.51 | 0.52 | 0.53 | 0.53 | 0.53 | 0.53 |
| | 甘肃 | 0.53 | 0.34 | 0.36 | 0.34 | 0.35 | 0.36 | 0.36 | 0.36 | 0.36 | 0.37 | 0.38 | 0.37 |
| | 青海 | 0.32 | 0.27 | 0.28 | 0.28 | 0.26 | 0.25 | 0.24 | 0.24 | 0.24 | 0.25 | 0.25 | 0.26 |
| | 宁夏 | 0.16 | 0.14 | 0.13 | 0.13 | 0.17 | 0.18 | 0.17 | 0.17 | 0.18 | 0.18 | 0.19 | 0.16 |
| | 新疆 | 0.37 | 0.36 | 0.38 | 0.38 | 0.35 | 0.36 | 0.35 | 0.35 | 0.35 | 0.34 | 0.33 | 0.36 |
| | 全国 | 0.68 | 0.60 | 0.61 | 0.61 | 0.57 | 0.59 | 0.59 | 0.60 | 0.60 | 0.61 | 0.63 | 0.61 |

第4章　中国能源市场分割对全要素能源效率的影响分析

图4-4描述了全国全要素能源效率的变动趋势。从图4-4中可以看出，中国从2000~2010年的能源效率变动呈现较为明显的"W"型特征，即效率值变动趋势经历了两个先下降再上升的变化过程。具体是：2000年时，全国能源效率值为0.678，是中国从2000~2010年这11年间的最高值，到2001年时效率值出现较大幅度的下降，降低到0.599，之后能源效率值出现一定的回升，到2003年时，效率值为0.608；从2003年开始，能源效率值又出现了一定程度上的下降，2004年的效率值为0.573，是中国这11年间的最低值，之后的几年，能源效率值逐渐提高上升，到2010年时，效率值为0.625。

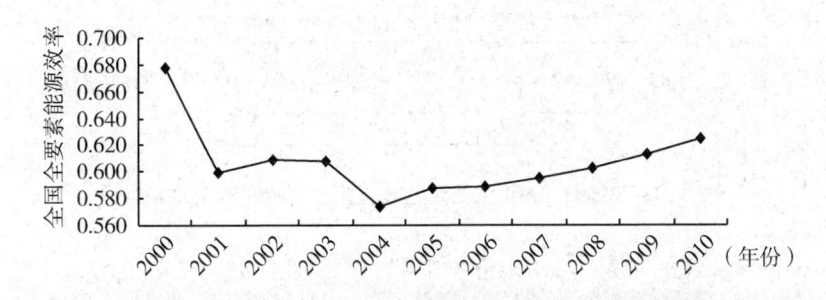

图4-4　2000~2010年中国全要素能源效率变动趋势

总体上来说，虽然全国全要素能源效率呈现了"W"型特征，有下降和上升阶段，但是效率值一直是在0.56~0.68这一个范围内波动，2000~2010年间的平均值为0.607，这表明了全国的能源效率水平较低，能源损耗较为严重，未来的节能减耗工作仍将会比较严峻。根据全要素能源效率的定义和主要思想可知，在生产过程中，如果保证资本和劳动力投入要素保持不变，只要投入56%~68%的能源要素就可以保证同样的GDP产出水平。这也就意味着在生产过程中，实际投入的能源中有32%~44%是无效的，造成了巨大的能源损失。尤其需要注意的是2001年和2004年，能源效率出现两次较大幅度的下降。本书分析这主要是因为21世纪以来，我国快速的经济发展和较快的城市化进程掀起了全国大规模的基础设施投资和建设热潮，使得我国的水泥、钢铁、有色金属等高能耗产业蓬勃发展，经济发展长期处于粗放型模式。

分析了全国全要素能源效率的变动趋势后，本书需要进一步分析、了解区域和各个省市的全要素能源效率的表现情况。

首先从大的区域来看，分析我国东部、中部和西部三大地区的能源效率情况。如图4-5所示。

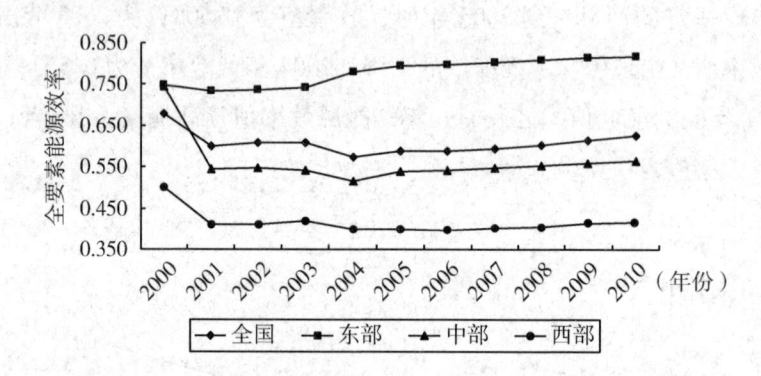

**图4-5　2000～2010年三大区域全要素能源效率变动趋势**

从图4-5中可以看出，东部、中部、西部地区的全要素能源效率变动基本保持了全国的变动特征：2000～2004年间，效率值有下降和上升阶段，而2005～2010年间，效率值在逐渐上升。值得注意的是，三大区域的能源效率呈现出较大的差异性。东部地区的全要素能源效率是最高的，每年都保持在0.7以上，且效率值在不断提高，2000～2010年间平均值为0.780，远远高于全国平均水平。位居第二的是中部地区，其平均值为0.564，低于全国平均水平。效率值最低的是西部地区，平均值为0.416。因此，三大区域的能源效率表现出的特征为东部、中部和西部地区依次递减。这一结果与Hu和Wang（Hu等，2006）研究得出的结论存在一定的差异，他们认为能源效率是按照东、西、中部地区依次降低排列的。这其中的原因主要包括两个方面，一是投入要素中的资本存量的计算方法不一样，Hu和Wang是采用了自己估算的地区数据，这些与我国各个地区的实际发展水平有一定的区别，而本书采用的是张军等（2004）的研究结论，更符合实际情况；二是Hu和Wang还选择了生物能源作为投入要素之一，

## 第4章 中国能源市场分割对全要素能源效率的影响分析

用各地区的农作物种植面积作为代替变量来进行投入产出分析,这种做法没有考虑到中国广大农村地区使用秸秆、稻草等生物能源是非商业用途的,只是充当生活燃料,并没有用于工业生产方面。

此外,东部、中部和西部地区的能源效率的变动趋势也各不相同。东部地区一直遥遥领先于全国平均水平,且波动范围最小,比较平稳。在2000年的时候,其效率值为0.748,2001年时略有下降,为0.732,下降了2.1%,这是东部11年来效率值最低的一年;之后效率值逐渐上升,到2010年时,能源效率达到最高值为0.817,较2001年上涨了11.6%。中部地区的波动范围最大,在2000年时,其效率值为0.746,略低于东部地区,远高于全国平均水平和西部地区,是中部从2000~2010年来效率最高的一年。2001年时下降到0.544,下降幅度为27.1%,2002年稍有回升,2003~2004年继续下降,到2004年时,能源效率达到最低值0.515,较2000年时下降幅度超高30%。尽管从2005年开始,效率值在缓慢上升,但也一直低于全国平均水平,而且两者的变动趋势有着惊人的一致,差距比较稳定。西部地区的能源效率则一直远远低于全国平均水平,处于最为落后的位置,2000年时效率值最高,为0.502,2001年下降到0.411,下降了18.1%,2002~2006年间有一定的上升和下降,到2006年时达到最低值,为0.399,虽然之后在逐渐回升,2010年时达到0.417,但是其和全国平均水平的差距也在逐渐增加。

其次从各个省市来看,通过表4-3可以直观地看到,全国高效率省市主要集中在福建、广东、江苏、浙江、上海、海南、北京等东部沿海地区,其效率平均值都在0.8以上。其中,福建和广东的能源效率最高,在2000~2010年期间,都出现在最优前沿线上,北京在2008~2010年也处在最优前沿线上。这些沿海省市的地理位置优越、自然环境良好、交通条件便利、对外开放程度高和经济较为发达,地区生产总值产出高于其他大部分地区,资本、劳动力、技术等投入也会领先与其他地区,使得其在能源使用效率方面具有绝对的优势。全国能源效率较低的省市主要集中在宁夏、贵州、青海、新疆、内蒙古、甘肃、山西等中西部地区,这些省市的平均效率值都未能超过0.4。这可能是因为这些省市位于我国交通不发达的内陆地区，环境恶劣、对外开放程度低、经济相对落后，从而导致其科技水平落后、先进工艺无法传播等。从另外一方面也可以看出，能源效率的高低与能源丰裕程度并不呈正相关关系。具体来说，能源资源较为丰裕的省市，能源效率不一定高；而能源资源比较稀缺的省市，其能源效率反而可能会比较高。例如，贵州、内蒙古、山西等省的能源资源非常丰富，是我国的煤炭大省，每年都生产大量的煤炭，但是其能源效率则非常低，低于我国的平均水平；而广东、上海、海南、北京等地是属于我国的能源资源稀缺地区，但其能源效率都非常高，远远超过全国平均水平。

各个省市能源效率的变动趋势也不尽相同。较多省市的能源效率变动趋势符合"先下降，后上升"的特征，转折点主要出现在2003～2005年间。福建和广东两省一直处于最优前沿线上，所以其效率值没有太大变动。北京的能源效率在2000～2007年间一直在不断地提高，到2008年时，处于最优前沿线上，之后保持不变。在2000～2009年，上海的能源效率在逐年提高，在2010年时则稍有下降，幅度仅为0.13%，2009～2010年，上海的能源效率都超高了0.95，接近最优前沿线。

## 4.3 市场分割对能源效率影响效应

本书在理论上研究市场分割对能源效率的影响机制，主要是通过分析市场分割对投入要素在区域间的流动性来实现的。能源投入是生产过程中的首要关键。虽然我国能源资源丰富，但其分布却不均衡，能源资源主要集中在部分省市。首先能源市场分割的存在，阻碍了能源要素在不同地区间的自由流动，使得能源资源的优化配置并不能很好的实现。如缺乏能源资源的地区，即使其能源效率高，但由于无法充分利用能源丰裕地区的资源，能源需求不能得到满足，所以导致了能源效率的损失；而能源资源丰裕的地区，则往往由于能源供给过多而造成了能源资源的浪费和低效利用，也同样造成了能源损耗的增加。其次，市场分割也造成了劳动力和技术要素的流动限制。地方政府为了保护本地产业和企业的发展，采取一定的措施限制本地优质企业的流出和外地企业的进入，限制了优质企业中的优秀人才、管理经验、先进技术等要素的流动，使得区域间无法进行技术等交流和扶持，导致技术先进地区更为先进，技术相对落后地区则更为落后，区域间的差距不断扩大，阻碍了能源效率的提高。最后市场分割也削弱了企业竞争力，企业能源效率改善缓慢。由于地方保护主义的存在，外地企业要进入当地市场较为困难，当地企业面临较小的外部企业竞争压力，企业生产过程中提升能源使用效率的动力不足，能源效率改善非常缓慢。

## 4.3.1 变量和数据说明

从上一章节计算出来实证结果分析可以知道，中国不同省市之间的能源效率存在非常大的差异，而且其效率的变化趋势也十分复杂，那么该如何理解这种存在于省市间甚至更大的区域范围内的地区能源效率差异？而这些效率差异又是由于哪些因素造成的？根据已有的研究，本书除了考虑产业结构、技术进步和对外开放程度这些传统的影响因素外，还着重考虑了市场分割对地区能源效率的影响。

本书用 $TFEE_{i,t}$ 来表示前文测度的地区 i 在第 t 年的全要素能源效率；用 $Segm_{i,t}$ 来表示前文计算的各个省市的市场分割度；用 $Ind_{i,t}$ 来表示产业结构，由于第二产业仍然是我国的主导产业，且是我国主要的能源消费产业，所以本书用第二产业增加值占当年国内生产总值的比例来表示；$Tech_{i,t}$ 则表示为技术进步水平，采用该地区国内专利申请授权量来代表；对外开放程度 $Open_{i,t}$ 则用进出口贸易总额占当年国内生产总值的比例来表示。

由于市场分割度这一解释变量只包含了 23 个省市（不包含山西、福建、江西、广东、贵州、云南、西藏、新疆地区数据）2003～2010 年的数据，因此本书对于能源效率的影响因素的分析选用的时间调整为2003~2010年，最终的面板数据集合包括了23个省市8年内的观测值，总共拥有184(=23×8)个样本观测值。其他基本数据都来源于相应年份的《中国统计年鉴》。

各变量的统计性描述见表4-4。

表4-4　　　　　2003~2010年各省相关变量的统计性描述

| 变量 | 全要素能源效率 TFEE | 市场分割度 Segm | 产业结构 Ind | 技术进步水平 Tech | 对外开放程度 Open |
|---|---|---|---|---|---|
| 样本量 | 184 | 184 | 184 | 184 | 184 |
| 均值 | 0.587838 | 0.018047 | 0.46808 | 10097 | 0.046802 |
| 标准差 | 0.207509 | 0.016184 | 0.08022 | 17699 | 0.057025 |
| 最大值 | 1 | 0.091649 | 0.57415 | 138382 | 0.244438 |
| 最小值 | 0.132806 | 8.13E-05 | 0.23497 | 70 | 0.005427 |

## 4.3.2 面板数据模型

面板数据（Panel data）回归模型中采用的样本数据是包括了若干个横截面个体（例如各个省市）在不同的时间上的观测值。从水平方向来看，样本数据可以包含在某一个特定时间上每个横截面个体的观测值，即横截面数据；从纵向来看，数据包括每一个横截面个体的时间序列数据。该模型较之只使用时间序列数据模型或者横截面数据模型能更好地分析数据，从而获得更加精确的参数估计值。

高铁梅（2006）将面板数据回归模型分为基于横截面特定系数的面板数据回归模型和基于时间特定系数面板数据回归模型。本书只考虑基于横截面特定系数的面板数据回归模型，其一般形式为：

$$y_{i,t} = \alpha_i + \beta_{1i}x_{1it} + \beta_{2i}x_{2it} + \cdots + \beta_{ki}x_{kit} + \mu_{it} \tag{4.8}$$

$$i = 1, 2, \cdots, N \quad t = 1, 2, \cdots, T \tag{4.9}$$

## 第4章 中国能源市场分割对全要素能源效率的影响分析

其中，i 代表横截面个体；t 代表时间；N 代表横截面个体总数；T 代表每个横截面个体的样本数据的时期数；$y_{i,t}$ 代表因变量；$x_{1it}, x_{2it}, \cdots, x_{kit}$ 代表 k 个解释变量；$\alpha_i$ 代表面板数据模型的截距项；$\beta_{1i}, \beta_{2i}, \cdots, \beta_{ki}$ 代表 k 个解释变量相对应的系数；$\mu_{it}$ 代表随机误差项。假设随机误差项之间彼此独立，而且满足 $\mu_{it} \sim N(0, \sigma_u^2)$。

根据对截距项 $\alpha_i$ 和解释变量系数 $\beta_{1i}, \beta_{2i}, \cdots, \beta_{ki}$ 的不同限制，可以将面板数据回归模型分成混合回归模型、变截距回归模型和变系数回归模型三种。

混合回归模型的假设是截距项和解释变量系数都为常数，对于所有的横截面个体，$\alpha_i$ 和 $\beta_{1i}, \beta_{2i}, \cdots, \beta_{ki}$ 都是相同的，即对于每个横截面个体来说，既不存在个体影响，也不存在结构系数的变化。混合回归模型的表达式（4.10）为：

$$y_{it} = \alpha + \beta_1 x_{1it} + \beta_2 x_{2it} + \cdots + \beta_k x_{kit} + \mu_{it} \tag{4.10}$$

$$i = 1, 2, \cdots, N \quad t = 1, 2, \cdots, T \tag{4.11}$$

变截距回归模型的假设是截距项 $\alpha_i$ 对于不同的横截面个体是不同的，但是解释变量系数 $\beta_{1i}, \beta_{2i}, \cdots, \beta_{ki}$ 则是相同的，即为常数，对于每个横截面个体，存在着个体影响，但是不存在结构变化。模型可以表示为：

$$y_{it} = \alpha_i + \beta_1 x_{1it} + \beta_2 x_{2it} + \cdots + \beta_k x_{kit} + \mu_{it} \tag{4.12}$$

$$i = 1, 2, \cdots, N \quad t = 1, 2, \cdots, T \tag{4.13}$$

最后的变系数回归模型则是假设截距项 $\alpha_i$ 和解释变量系数 $\beta_{1i}, \beta_{2i}, \cdots, \beta_{ki}$ 对于不同的横截面个体都是不同的，即在每个横截面个体中既存在个体影响，又存在着结构变化。该模型的表达式即为面板数据回归模型的一般形式（4.12）。

对于变截距和变系数回归模型，由于个体影响存在固定影响和随机影响两种形式，所以这两种模型又可以被细分为固定效应（Fixed Effects）模型和随机效应（Random Effects）模型。

如何判断面板数据的回归该采用这三种模型中的哪一种？可以用 F 统

计量进行选择。用以下两个 F 统计量式 (4.14)、(4.15)：

$$F_1 = \frac{(S_2 - S_1)/[(N-1)K]}{S_1/[NT - N(K+1)]} \sim F[(N-1)K, N(T-K-1)] \quad (4.14)$$

$$F_2 = \frac{(S_3 - S_1)/[(N-1)(K+1)]}{S_1/[NT - N(K+1)]} \sim F[(N-1)(K+1), N(T-K-1)]$$

$$(4.15)$$

来检验下面两个假设：

$$H1: \beta_1 = \beta_2 = \cdots = \beta_N \quad (4.16)$$

$$H2: \alpha_1 = \alpha_2 = \cdots = \alpha_N, \beta_1 = \beta_2 = \cdots = \beta_N \quad (4.17)$$

其中，$S_1$、$S_2$、$S_3$ 分别表示变系数回归模型、变截距回归模型和混合回归模型的残差平方和；K 表示解释变量的个数；N 表示横截面个体总数；T 表示横截面个体的样本数据的时期数；α 表示截距向量，β 表示系数向量。

分别对面板数据进行三种回归模型的回归，分别得到 $S_1$、$S_2$、$S_3$。首先计算 $F_2$ 统计量，如果计算结果得到的 $F_2$ 的值小于在给定显著性水平下的临界值，则接受假设 $H_2$，即可以采用混合回归模型进行回归；如果 $F_2$ 的值大于临界值，则需要进一步计算 $F_1$ 统计量来检验假设 $H_1$。如果计算结果得到的 $F_1$ 的值小于在给定显著性水平下的临界值，则认为可以接受假设 $H_1$，即采用变截距回归模型进行拟合回归。否则，应选用变系数回归模型。

### 4.3.3 计量结果分析

本书计算得出的 $F_2$ 的值为 1.59，大于显著性水平下的临界值，所以本书不能选用混合回归模型，而 $F_1$ 的值为 1.59，小于显著性水平下的临界值，所以应该选用变截距回归模型进行拟合。对于该模型固定效应还是随机效应的选择，可以通过 Hausman 进行检验判断。不过在实际使用过程

## 第4章 中国能源市场分割对全要素能源效率的影响分析

中,经常会依据具体的面板数据特征和需要研究的目的和内容来选择,具体来说,如果需要用样本数据来推断总体效应,则应采用随机效应回归模型;如果仅仅是直接对样本数据进行个体差异分析,则可以采用固定效应回归模型。本书是为了拟合样本数据间的关系,所以从这一研究内容来说,显然采用固定效应回归模型更为合适。因此本书选用的回归模型是变截距的固定效应回归模型。本书构建的基本计量模型如下:

$$TFEE_{i,t} = C_i + \beta_1 Segm_{i,t} + \beta_2 Ind_{i,t} + \beta_3 Tech_{i,t} + \beta_4 Open_{i,t} + \varepsilon_{i,t} \tag{4.18}$$

其中,$C_i$ 为第 i 个横截面个体的截距项,可以用来解释各个省份能源效率的影响因素中存在的个体影响,而不存在结构系数变化,$\varepsilon_{i,t}$ 为随机误差项。为了能够减少随机误差项中存在的异方差性和自相关对参数估计的影响,本书使用广义最小二乘法(GLS)来对计量模型中的参数进行估计。

通过 Eviews 软件对上述建立的计量模型使用 2003~2010 年中国 23 个省市的面板数据进行初次回归分析,回归结果如表 4-5 所示。

表 4-5  总体初步回归结果

| 解释变量 | Coefficient | Std. Error | t-Statistic | Prob. |
| --- | --- | --- | --- | --- |
| Segm | 0.676770 | 0.266393 | 2.540498 | 0.0118 |
| Ind | 0.108265 | 0.106906 | 1.012711 | 0.3124 |
| Tech | 6.24E-07 | 2.38E-07 | 2.621577 | 0.0094 |
| Open | 1.315346 | 0.288245 | 4.563300 | 0.0000 |

$R^2 = 0.970315$  F-statistic = 1710.650  Prob(F-statistic) = 0.000000

从表 4-5 可以看出,产业结构这一解释变量的 t 统计量值小于 2,其犯错误的概率为 0.3124,大于 0.05,这说明产业结构变量没有通过模型在 5% 显著性水平下的 t 检验,即该变量不显著,表明其对能源效率没有显著的影响。所以,本书剔除产业结构这一解释变量,而对市场分割、技术进步和对外开放程度与能源效率之间的关系重新进行回归,结果如表 4-6 所示。

表4-6　　　　　　　　　　总体重新回归结果

| 解释变量 | Coefficient | Std. Error | t-Statistic | Prob. |
| --- | --- | --- | --- | --- |
| Segm | 0.574925 | 0.246701 | 2.330455 | 0.0208 |
| Tech | 5.98E-07 | 2.37E-07 | 2.527682 | 0.0122 |
| Open | 1.290394 | 0.287213 | 4.492814 | 0.0000 |
| $R^2$=0.970122 | F-statistic=2565.046 | | Prob(F-statistic)=0.000000 | |

从表4-6中可以明显看出，拟合优度 $R^2$ = 0.970122，表明该模型的拟合程度比较高，变量对能源效率影响的解释能力很强。而且模型的F统计量值为2565.046，其犯错误的概率远远小于0.05，所以该模型总体上也是显著的。在5%的显著性水平下，查表可求得t统计量的临界值为2.131，而表中三个解释变量的t统计量值均大于临界值，这说明模型中的三个解释变量均通过了t检验，显著均不为零，而且三个解释变量的系数均为正值，这说明市场分割、技术进步和对外开放程度均对能源效率有着显著的正向影响。具体来说有以下几方面：

（1）市场分割度对能源效率有着显著的正向影响，当市场分割度增加一个单位时，能源效率就会提高0.574925个单位。这与大多数研究结论相反（师博等2008；魏楚等，2007）认为市场分割的存在，使得地区资源不能得到有效配置，地区规模经济无法形成，从而导致了能源效率的损失。这一结果可能与本书对能源市场分割度的定义与测算有关。本书应用相邻省市能源相对价格方差来衡量市场分割度，而方差则反映了偏离程度。许多地区的能源价格比较高，一定程度的偏离了市场均衡价格，从而导致其方差相对较大，对应的地区市场分割度也就比较高。例如，海南省的93号汽油和97号汽油的历年平均价格分别为7384元/吨和7679元/吨，均位居23个地区价格首位，天然气平均价格为2.62元/立方米，排在第5位；广西的三种能源平均价格分别为6397元/吨、6748元/吨和4.36元/立方米，对应排在第4位、第5位和第1位；湖南的能源价格排名分别为第7位、第7位和第10位；重庆的93号和97号汽油价格则分别排在第3位和第2

位；四川则分别为第2位和第3位；辽宁和黑龙江的天然气价格分别排在第2位和第6位，等等。对于这些省市来说，其能源效率也相对较高，这主要是因为当地的能源价格相对较高，而当地生产者为了使利润最大化，就会想方设法地提高能源使用率，尽可能地减少能源的浪费和损耗，从而形成了较高的能源效率。

（2）技术进步对能源效率的影响基本验证了大多数学者的观点，即技术进步能改善能源效率，降低能源损耗。具体来说，当技术进步每提高一个单位，能源效率将增长 $5.98 \times 10^{-7}$ 个单位。技术进步对能源效率的改善主要表现为：第一，通过高效率的能源开采和先进的能源转换技术，减少对能源的浪费；第二，通过先进高效的能源利用技术，直接减少单位产品的能源损耗。

（3）对外开放程度对能源效率的改善作用非常明显，如果对外开放程度增加一个单位，则能源效率将迅速提高1.29个单位。改革开放以来，我国能源效率也在不断提高，相比于改革开放以前，进步非常明显。对外开放程度的提高，意味着我国进出口贸易的不断增加。这样不仅可以加快引进先进设备、工艺、技术、人才和管理经验等，还可以通过引进外资促进经济发展和加大企业竞争力度，这些都能改善当地的能源效率。

进一步地，本书对东部、中部和西部地区分别进行回归，得到的解释变量参数估计值如表4-7所示：

表4-7　　　　　　　　三大区域回归结果

| 解释变量 | 东部地区 | 中部地区 | 西部地区 |
| --- | --- | --- | --- |
| Segm | -0.041404** | 1.052578* | 0.735487** |
| Ind | -0.277896*** | 0.333786+ | 0.029794 |
| Tech | -0.009682+ | 3.424598 | 3.36E-06*** |
| Open | 0.246489*** | 1.88E-06** | -1.673788* |
| $R^2$ | 0.657714 | 0.620595 | 0.645132 |
| F-statistic | 43.55474 | 20.71896 | 29.02369 |

注：***、**、*和+分别表示变量系数通过了1%、5%、10%和15%的显著性检验。

表4-7表明,市场分割、产业结构、技术进步和对外开放程度四种因素对能源效率的影响程度在不同区域会有不同表现。具体分析如下:

(1)市场分割。市场分割对东部地区的能源效率具有显著的负向影响,即市场分割度越高,地区能源效率越低。对于东部沿海地区来说,市场化水平相对较高,地方政府的干预能力较弱,能源的定价以市场为主,能源价格接近市场均衡价格,所以东部地区的市场分割程度相对较低,能源价格对能源效率的影响较小。虽然市场分割程度较低,但其存在则意味着东部地区之间存在着贸易壁垒,能源资源的流动受到了省市间的限制。具体来说,东部地区能源资源相对匮乏,要想获得能源资源,就必须付出更高的成本从其他地区购买。所以市场分割的存在,阻碍了能源资源的合理配置,导致东部地区间相互牵制而难以形成规模经济,从而降低了能源效率;对中西部地区来说,市场分割对能源效率都具有正向影响,虽然中部地区的影响程度高于西部的影响,但是对西部地区的影响更为显著,通过了5%的显著性检验。中西部地区地方政府对市场的干预程度比较高,对能源价格的适当提高和管制,使得能源价格偏离市场均衡价格,能源价格的一定提升可以促进能源效率的改善。

(2)产业结构。产业结构的变动对三个区域间的能源效率的影响差异也非常明显。产业结构对东部地区具有非常显著的负向影响,即第二产业增加值占当年国内生产总值的比例越高,能源效率就越低,这与预期结果相同。第二产业中高能耗的重工业产业比重很高,这些重工业产业的发展要以消耗大量能源为代价,对能源的依赖性很强,因此会降低能源使用效率。而产业结构对中部地区则具有并不十分显著的正向效应。对于西部地区来说,产业结构与能源效率之间并没有显著的关联。

(3)技术进步。技术进步对东部地区的能源效率有负向影响很让人意外,虽然这一影响并不太显著。这可能是因为东部地区注重高新技术产业的发展,使得各个省市的企业间技术水平的差异不断扩大,从而一定程度上降低了整个区域的能源效率。对于中部地区来说,技术进步与能源效率之间的关系并不显著。技术进步对西部地区的正向影响十分显著,通过了

第 4 章 中国能源市场分割对全要素能源效率的影响分析

1%的显著性水平检验,即西部地区的技术进步每增加一个单位,能源效率能上升 $3.36 \times 10^{-6}$ 个单位。这说明西部地区技术水平相对落后,一定的技术进步就能提高当地的能源效率。根据中国统计年鉴中的数据计算可知,西部地区的国内专利申请授权量仅是东部地区的 1/3,也就是西部地区的技术水平相当于东部地区的 1/3,因此技术进步对西部地区能源效率的影响还处在初期阶段。

(4) 对外开放程度。计算结果表明,对外开放程度对东部和中部地区都具有非常显著的正向影响,且对东部地区的影响程度要强于中部地区。东部和中部地区的对外开放程度较高,进出口总额也较大,这些省市对国外先进人才和技术的引进,使得其能源效率有一定的改善。而对于西部地区,对外开放程度与能源效率之间则呈现负相关,并且在 $\alpha = 0.1$ 时显著。这是因为西部地区位于我国内陆地区,企业技术水平与竞争力相对较弱,如果对外开放程度增加,国外高科技企业一旦大量进入,会导致当地企业的竞争和发展受到严重损害,造成当地能源效率的下降。

## 4.4 小 结

本书从能源市场分割的角度出发,研究能源市场分割对全要素能源效率的影响。首先本书选择中国 23 个地区 2003~2010 年各年三种能源的相对价格来测算能源市场分割度,以此来分析全国及地区间市场分割趋势。其次采用规模报酬不变的 DEA 模型测算中国 30 个省市 2000~2010 年的省际全要素能源效率,分析我国总体及东部、中部和西部三大区域能源效率的变动趋势。最后,运用面板数据模型,实证分析能源市场分割和其他解释变量对中国全要素能源效率的作用关系和影响程度。通过研究分析,本书主要得出以下结论。

(1) 从能源市场分割的分析结果来看,全国、东部、中部和西部地区的能源市场分割趋势表现为在小幅度震荡过程中逐渐下降,能源市场日趋整合。在三大区域中，中部地区的市场分割程度最高，其次是西部地区，东部地区市场分割度最低，且中部地区的市场整合程度变化也大于东部和西部地区。

(2) 我国全要素能源效率呈现了"W"型特征，在 2000～2010 年间的平均值为 0.607，这意味着全国的能源效率水平比较低，能源损耗较为严重。同时，这也说明了我国能源效率的提升空间仍然很大。值得欣慰的是从 2004 年以来，全国及地区能源效率表现出逐年提高的趋势。

从区域间来看，东部、中部和西部三大区域之间的全要素能源效率呈现出较大的差距。东部地区的全要素能源效率是最高的，平均值为 0.780，远远高于全国平均水平；位居第二的是中部地区，其平均值为 0.564，低于全国平均水平；效率值最低的是西部地区，平均值为 0.416。

从省市层面来看，全国高效率省市主要集中在福建、广东、江苏、浙江、上海等东部沿海经济发达地区，其效率平均值都在 0.8 以上，而能源效率较低的省市主要集中在宁夏、贵州、内蒙古、甘肃、山西等中西部经济相对落后地区，这些省市的平均效率值都未能超过 0.4。

(3) 能源市场价格改革能改善地区能源效率。从模型回归结果来看，可以发现全国、中部和西部地区的市场分割对地区能源效率有着较为显著的正向影响。这是因为部分能效高的地区能源价格也比较高，偏离了均衡价格，导致相对价格方差较大，市场分割度比较高，表明适当提高能源价格可以有效改善能源效率。

而东部地区的市场分割与能源效率之间表现为显著的负相关关系。对于东部地区的影响表现不同，本书认为是因为东部地区市场化程度较高，地方政府的干预能力较弱，能源的定价以市场为主，所以东部地区能源价格对能源效率的影响较小。而市场分割的存在，阻碍了能源资源在东部地区间的合理配置，导致不同地区间相互牵制而难以形成规模经济，从而降低了能源效率。

(4) 技术进步和对外开放程度都对能源效率有着显著的正向效应，而产业结构与能源效率之间的影响则并不显著。这说明，加大科研和创新投

## 第4章 中国能源市场分割对全要素能源效率的影响分析

入,引进高新技术,可以有效促使地区能源效率的提高。同时,积极促进我国进出口贸易的扩大,加大我国对外开放程度,也能够提高地区能源效率水平。

此外,对于东部地区来说,产业结构与能源效率之间呈现非常显著的负相关关系,这表明东部地区可以通过减少第二产业中的高能耗产业,促进第三产业的发展来改善能源效率。

本书的研究结果表明,我国的能源效率较低,能源损耗较为严重,而我国地区间存在的能源市场分割,也阻碍了能源资源在地区间的有效配置,降低了能源效率,所以我国应该要采取一定措施来抑制能源市场分割对能源效率改善的阻碍作用。基于实证分析和计量结果,本书就降低我国的市场分割度,促进市场一体化建设,提高能源效率,实现能源可持续发展提出以下五点政策建议:

(1) 降低能源市场分割将有利于能源效率的提升。市场分割主要是由地方政府运用行政手段过度保护和干预当地市场,限制本地资源流出和外地企业、商品流入等造成的,政府干预过多,会阻碍资源在经济发展中的合理配置,抑制市场在经济发展中的作用。因此我国应该正确把握政府与市场之间的关系,在经济发展过程中必须明确市场的主导作用,合理发挥政府的宏观调控职能。地方政府应该尽量减少对市场的直接干预,加快经济发展中市场主体的形成和发展,完善市场设施和服务,制定有利于市场经济主体公平竞争的规则,并监督和调控其运行,为我国的经济发展建立一个良好公平的市场环境。

(2) 能源价格的市场化改革有助于降低能源价格的市场分割,提高能源使用效率。与国际能源价格相比,目前国内能源价格相对较低,导致我国在提高能源效率的过程中,不能很好地发挥能源价格的调节作用,所以需要对能源价格机制进行改革。我国应该消除地方保护主义,地方政府放开对能源价格的管制,加快能源市场的市场化进度,积极构建合理的能源价格体系,使能源价格能够真正反映市场供求状况和能源生产与消费成本。与此同时,应尽快将我国的能源价格与国际价格接轨,使我国能源价格变动能紧跟全球变化趋势，只有这样我国的能源市场才能融入国际能源供需体系中。

（3）对外开放能有效减缓市场分割程度，提高能源效率。我国应该继续加大和深化对外开放程度，加强和国际间的合作与交流，必须大力发展能源消耗少、环境污染低、内在价值高的出口贸易服务，提高我国的对外贸易服务水平与质量，增强我国出口产品与服务的国际竞争力和影响力。在进口时，也需要引入国际先进管理经验、优秀人才和科技成果，从而有效促进我国企业和经济的发展，提高能源效率。

（4）技术进步也能有效促进能源效率的提升。我国政府和企业都要明确技术进步的先导作用，加大对技术研发的投入力度，通过科技研发和创新，提高能源开采、转换和利用技术，减少对能源的浪费和损耗。要注重对人才的培养，鼓励企业和个人创造发明，积极开发高效率的节能设备。对于那些高投入、高风险但却能有效改善能源效率的节能减耗项目，政府应该拨付一定的经费予以支持鼓励，也要大力扶持以研发生产节能减耗产品为经营内容的企业，加大高新节能技术的开发和产业化。

（5）由于不同区域的经济发展条件和能源效率不同，所以应该因地制宜，不同区域采取不同的措施来提高能源效率。对于东部沿海地区，由于其地理位置优越，交通条件便利，对外开放程度高，经济和科技水平较为发达，因此要继续发挥区域优势，降低市场分割度，促进能源要素在地区间的自由流动，建立统一、规范、有序的能源市场，并且大力发展高科技产业和服务业等低耗能产业。对于对外开放程度较低，经济和科技水平相对落后的中西部地区，则应该加强区域间的合作，促进区域间生产要素流动和技术扶持，要适当地提高当地的能源价格，健全能源市场的价格机制。

# 第5章

# 中国碳排放现状及碳排放峰值条件分析

本书研究碳排放峰值约束对中国能源结构的影响,书中提到的碳排放指 $CO_2$ 排放量。由于碳排放量绝大多数来自能源消费,所以本书只考虑能源消费产生的 $CO_2$ 排放量。本书首先对比各种 $CO_2$ 排放量的测算方法,其次采用碳排放系数估算法对我国历年的碳排放量进行测算,再次分析我国碳排放的现状,以及变换趋势,最后分析碳排放达到峰值的条件。

## 5.1 二氧化碳排放的测算方法

我国官方并没有公布 $CO_2$ 排放量的数据。世界各国其他机构有公布 $CO_2$ 排放数据,比如荷兰环境评估局(MNP)、美国能源部 $CO_2$ 信息分析中心(CDIAC)、国家能源署(IEA),以及 CEADs。各个机构采用不同的测算方法对 $CO_2$ 排放量进行测算,主要有模型估算法、物料平衡法、碳排放系数估算法。

模型估算法是通过建立模型,分情景从宏观角度和微观角度上测算碳排放量,然后进行政策模拟。这些模型包括能源排放模型 ERM-AIM、能源系统模型 MARKAL、系统动力学模型、Logistic 模型、投入产出模型、生命周期模型等。这些模型主要应用于国家层面的碳排放量测算。

物料平衡法指生产过程满足质量守恒定律，对投入的物料质量以及产出物的质量进行分析。生产过程中投入物料总质量等于产出物料与损失质量之和。物料平衡法有助于碳排放量的估算，以及碳排放量基础数据的获得。

$$\sum G_{投入} = \sum G_{产品} = \sum G_{损失} \qquad (5.1)$$

碳排放系数估算法是目前被广泛采用的测算方法。根据各种能源消费量以及相应的碳排放系数求得。这种方法的优点是能源消费数据比价好统计，碳排放系数也是经过广大学者和机构的研究测算出来，具有比较高的认可度。

$$CO_2 排放量 = \sum (每种能源消费量 \cdot 分品种单位能耗 CO_2 排放因子) \qquad (5.2)$$

$CO_2$ 排放系数是有研究机构测量计算出来的，每个机构给的 $CO_2$ 排放系数不一样。本书根据政府间气候变化专门委员会（IPCC）给出的各种能源消费的 $CO_2$ 排放系数进行折算，得出各种能源折算成标准煤当量的 $CO_2$ 排放系数，如表 5-1 所示。

表 5-1　　　　　各种能源的碳排放系数（$tCO_2/tce$）

| 煤炭 | 石油 | 天然气 | 水电、核电 |
| --- | --- | --- | --- |
| 2.763 | 2.145 | 1.642 | 0 |

资料来源：IPCC。

## 5.2 我国的碳排放现状

本书用碳排放系数估算法，根据我国历年的各类能源消费情况测算出我国 1980~2014 年一次能源消费所产生的 $CO_2$ 排放量，如图 5-1 所示。

自 1980~2014 年中国的碳排放可以分为三个阶段：(1) 1980~1997 年，逐年稳步上升。(2) 1998~2002 年，处在僵滞阶段，略有小幅上升。

## 第 5 章　中国碳排放现状及碳排放峰值条件分析

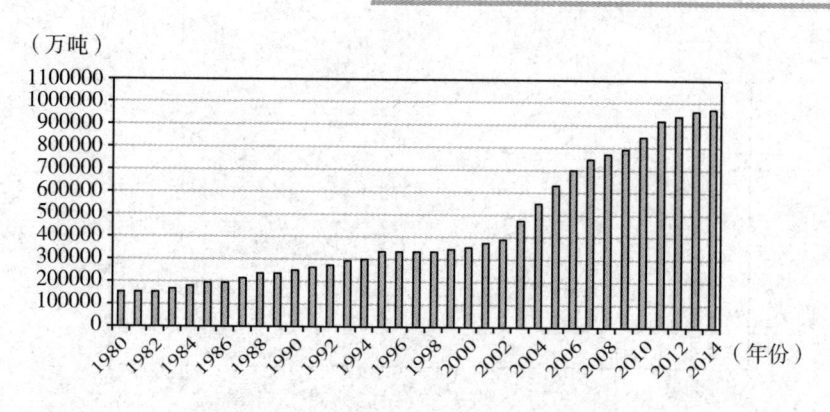

**图 5-1　中国历年 $CO_2$ 排放量**

(3) 2003~2014 年，逐年飙升。图 5-1 显示，自 1980~2014 年，中国 $CO_2$ 排放量从 15 亿吨增长到 97 亿吨，增长了 6.47 倍。2007 年，中国 $CO_2$ 排放量首次超过美国，约为美国的 112%，成为世界上 $CO_2$ 排放量最大的国家。2014 年美国的 $CO_2$ 排放量为 56.31 亿吨，日本 $CO_2$ 排放量为 12.08 亿吨，而德国的 $CO_2$ 排放量仅有 7.48 亿吨。对比发达国家，我国面临 $CO_2$ 高排放的严峻形势，降低碳排放是我国在接下来的经济发展中需要提高的环节。

我国人均 $CO_2$ 排放量变化趋势和碳排放总量趋势步调一致，均呈现出逐年上升（见图 5-2）。1980 年中国人均 $CO_2$ 排放量仅仅为 1.52 吨，到 2014 年已经上升到了 7.11 吨，年均增长率为 4.64%。1980~2002 年，增长速度较为缓慢，但是 2003~2014 年，中国人均 $CO_2$ 排放量飞速增长，主要是由于这个阶段中国经济增长速度加快，房地产基建等行业迅猛发展，耗费了大量能源。我国目前的人均 $CO_2$ 排放量比世界平均水平高，但是低于欧美发达国家的水平。

根据我国能源消费结构，2014 年我国煤炭消费总量为 28.12 亿吨，占能源总消费的 66%；由煤炭消费排放的 $CO_2$ 为 73.63 亿吨，占全部 $CO_2$ 排放量的 80.03%。这个数据说明中国粗放型的经济耗费了大量的能源，我国是煤富油贫的国家，能源消费长期以煤炭为主，煤炭消费是我国碳排放的主要来源。

碳强度（carbon intensity）是指单位 GDP 的 $CO_2$ 排放量。碳强度的高

(吨/人)

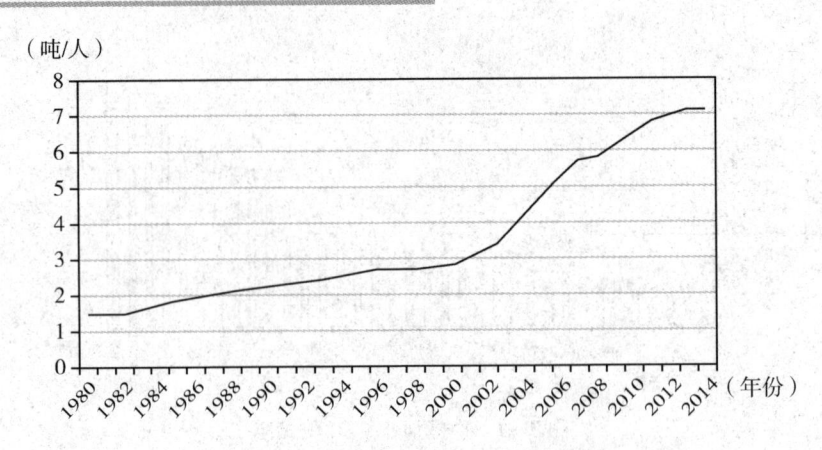

图 5-2　中国历年人均 $CO_2$ 排放量

低表明效率高低,随着技术的进步和经济的增长,碳强度会逐渐降低。影响碳强度的因素主要有技术进步、经济增长、产业结构变化、农业工业化和城市化进程与规模。中国 1980~1995 年,碳强度下降速度较快,主要得益于我国高速的经济增长,以及技术的进步。1980 年的碳排放强度高达 32.97 吨/万元,1995 年碳强度是 5.29 吨/万元。1995~2014 年,中国的碳强度下降速递减缓,主要是因为这期间中国的能源消耗增长速度加快,每年的碳排放量也呈现出高速增长的态势。2014 年中国的碳强度为 1.53 吨/万元(见图 5-3)。

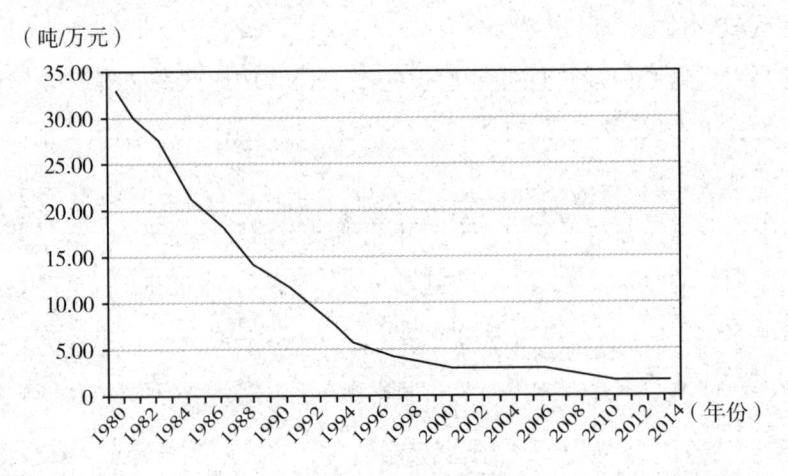

(吨/万元)

图 5-3　中国历年碳强度

## 5.3 碳排放峰值的理论和条件分析

参照欧美等发达国家的历史经验,一个国家的 $CO_2$ 排放达到峰值时,基本上完成了工业化和革命化。经济有资源消耗型转变成内涵式发展,GDP 增长放缓,能源弹性降低,能源消费强度下降。能源消费结构中以煤炭和石油等化石能源基本不再增长,而是主要依靠风能,核能等非化石能源。我国的工业化和城市化大概会在 2030 年完成,经济增长方式由外延式向内涵式转变。产业结构进一步调整,第三产业的比重上升,高耗能的第二产业占比逐渐降低。一个国家能否实现碳排放峰值,取决于许多社会经济因素。美国、德国等发达国家已经率先实现碳排放达峰,这几个国家达峰时间各一,以及人均碳排放也有差别。GDP 增长速度、GDP 能源强度、单位能耗 $CO_2$ 排放强度是影响 $CO_2$ 排放达到峰值的主要因素。

### 5.3.1 单位 GDP 碳强度年下降率与 GDP 增长率的关系

根据 KAYA 公式,有:

$$CO_2 排放量 = 人口 \times (GDP/人口) \times (能源消费量/GDP) \times (CO_2 排放量/能源消费量) \quad (5.3)$$

即:

$$CO_2 排放量(Q_C) = 人口(Pop) \times 人均 GDP(GDP_P) \times GDP 能源强度(I_{ge}) \times 能源消费的 CD_2 强度(I_{ec}) \quad (5.4)$$

可以表示为:

$$Q_C = Pop \times GDP_P \times I_{ge} \times I_{ec} \quad (5.5)$$

其中，人口（Pop）×人均GDP（$GDP_P$）即为GDP总量，GDP能源强度（$I_{ge}$）×能源消费的$CO_2$强度（$I_{ec}$）即为GDP的$CO_2$强度（$I_{gc}$），即有：

$$I_{gc} = I_{ge} \times I_{ec} \qquad (5.6)$$

因此，式（5.5）可以写成：

$$Q_c = GDP \times I_{gc} \qquad (5.7)$$

即$CO_2$排放量等于GDP总量与单位GDP的$CO_2$强度（$I_{gc}$）之乘积。

将上式动态化，求出各因素之间年变化率间的关系。其中人口（Pop）、人均GDP（$GDP_P$）、GDP的能源强度（$I_{ge}$）和能源消费的$CO_2$强度（$I_{ec}$）的年变化率都极小，不超过百分之几。不考虑二阶小项，各变量的年变化率相互关系为：

$$\beta_c = \beta_p + \beta_{pg} - \gamma_{ge} - \gamma_{ec} \qquad (5.8)$$

或者进一步简化为：

$$\beta_c = \beta_g - \gamma_{gc} \qquad (5.9)$$

其中有：

$$\gamma_{gc} = \gamma_{ge} + \gamma_{ec} \qquad (5.10)$$

其中，$\beta_c$为$CO_2$排放年增长率，$\beta_p$表示人口增长率，$\beta_{pg}$为人均GDP增长率，$\beta_g$为GDP年增长率，$\gamma_{ge}$为单位GDP能耗强度的年下降率，$\gamma_{ec}$为能源消费的$CO_2$排放强度的年下降率，$\gamma_{gc}$为单位GDP的$CO_2$强度年下降率。

上式表示，$CO_2$排放的年增长率近似等于人口增长率（$\beta_p$）、人均GDP增长率（$\beta_{pg}$）以及单位GDP能源强度变化（$\gamma_{ge}$）和单位能耗的$CO_2$排放强度变化率（$\gamma_{ec}$）之和。或者表示为GDP增长率（$\beta_g$）与单位GDP的$CO_2$排放强度年变化率（$\gamma_{gc}$）的和。GDP能源强度年下降率（$\gamma_{ge}$）与单位能耗$CO_2$强度年下降率（$\gamma_{ec}$）的和可以用来表示GDP的$CO_2$强度年下降率（$\gamma_{gc}$）。

如果$CO_2$排放量达到峰值，即有$\beta_c \leqslant 0$。则有：

$$\gamma_{gc} \geqslant \beta_g \tag{5.11}$$

经过严格的数学公式推导，上述公式准确的表达式应为$\frac{\beta_g - \beta_c}{1 + \beta_g}$，$CO_2$排放达到峰值时，有$\beta_c \leqslant 0$，即有$\gamma_{gc} \geqslant \frac{\beta_g}{1 + \beta_g}$；在$\beta_g$较小的情况下，近似取$\frac{1}{1 + \beta_g} \approx 1$，即得上式。通过上述的推导，得出$CO_2$排放达峰值的一个必要条件为：单位GDP的$CO_2$排放强度年下降率应大于GDP的年增长率。因此，$CO_2$排放实现峰值所需要实施的节能减排政策力度随着GDP增长率的提高而增大。

## 5.3.2　单位能耗的$CO_2$排放强度年下降率与能源消费年增长率的关系

能源结构的调整决定了单位能耗的$CO_2$排放强度年下降率（$\gamma_{ec}$），由式（5.12）表示为：

$$\gamma_{ec} = \frac{\Delta I_{ec}}{I_{ec}} = \frac{\left[\frac{Q_c}{E} - \frac{Q_c(1+\beta_c)}{E(1+\beta_e)}\right]}{\frac{Q_c}{E}} = \frac{\beta_e - \beta_c}{1 + \beta_e} \tag{5.12}$$

其中，$CO_2$排放量用$Q_c$表示，能源消费量用E表示，$I_{ec}$表示单位能耗的$CO_2$排放强度，$\beta_c$和$\beta_e$分别为$CO_2$排放和能源消费的年增长率。在能源消费年增长率较低的情况下，$\frac{1}{1+\beta_e}$近似等于1，即有：

$$\gamma_{ec} \approx \beta_e - \beta_c \tag{5.13}$$

当$CO_2$排放达到峰值时，即$\beta_c \leqslant 0$，则有

$$\gamma_{ec} \geqslant \beta_e \tag{5.14}$$

根据上述的公式推导，得出 $CO_2$ 排放达到峰值时的另一个必要条件为单位能耗的 $CO_2$ 排放强度的年下降率大于能源消费的年增长率。

### 5.3.3 人均 $CO_2$ 排放年下降率与人口年增长率的关系

人口保持增长是大多数国家的常态，因此人均 $CO_2$ 排放量会先达到峰值，然后 $CO_2$ 排放总量才会出现峰值。如果人口年增长率和人均 $CO_2$ 排放年变化率很小，由以上分析可知，可以用人口年增长率（$\beta_p$）与人均 $CO_2$ 排放年下降率（$\beta_{pc}$）的代数和来表示 $CO_2$ 排放总量年增长率（$\beta_c$）。即有：

$$\beta_c = \beta_p - \beta_{pc} \tag{5.15}$$

如果人均 $CO_2$ 排放已经达到峰值，此时 $CO_2$ 排放总量达峰值（$\beta_c \leqslant 0$）的条件是

$$\beta_{pc} \geqslant \beta_p \tag{5.16}$$

根据式（5.16），在人均 $CO_2$ 排放达峰值的前提下，人均 $CO_2$ 排放的年下降率大于人口的年增长率是 $CO_2$ 排放总量实现峰值的必要条件。上式表明控制人口增长有助于实现 $CO_2$ 排放总量达到峰值。

## 5.4 发达国家 $CO_2$ 排放总量达到峰值的情况

发达国家 $CO_2$ 排放峰值出现在基本完成工业化之后。发达国家由于率先实行工业化革命，早在 20 世纪 70 年代，很多发达国家就完成了工业化、城市化。在经历了经济、能源消耗高速增长之后，这些国家的能源消耗总量在 20 世纪 70 年代左右达到了峰值，之后 $CO_2$ 排放总量也出现了峰值。

欧美等发达国家较早地完成了工业化，大概是在 20 世纪 70 年代初完

成的，当时的人均 GDP 换算成 2000 不变价高达 1 万美元；经济增长方式转换成了内涵式，增速降低，不超过 3%；能源消费弹性下降到 0.5 以下。欧盟国家在 1973~1990 年间，平均 GDP 增长率和能源消费弹性分别为 2.43% 和 0.32%。对发展中国家而言，目前尚未完成工业化，经济正处于高速增长阶段，需要建设大量的基础设施，工业化产能不断扩张。所以，现阶段发展中国家的能源消耗每年以高速增长，同时每年的 $CO_2$ 排放量也在持续增长。1990~2010 年，主要发展中国家的能源消费每年以 4.0% 的增速增长，$CO_2$ 则以 4.6% 的年增速增长。发展中国家只有完成了工业化，才能使 $CO_2$ 排放量出现峰值。

$CO_2$ 排放总量达到峰值的时间滞后于人均 $CO_2$ 排放峰值时间。欧盟国家在 1973~1990 年期间 $CO_2$ 排放量每年以 2.4% 的速度下降，而该期间其人口增速仅为 0.3%。所以欧盟国家的 $CO_2$ 排放量的峰值在 1980 年出现了。德国在这期间人均 $CO_2$ 排放量每年以 0.7% 的速度下降，虽然没有美国的下降速度高，但是德国凭借几乎零增长的人口在 1980 年人均 $CO_2$ 排放量和排放总量同时出现峰值。

发达国家 $CO_2$ 排放量率先出现峰值，之后 $CO_2$ 排放总量才出现峰值。发达国家的产业结构调整始于工业化完成初期，第二产业逐渐缩减，而第三产业获得了更大的发展。工业行业转型发展，高耗能行业逐渐被高新技术行业代替，单位产值能耗开始降低，因此工业部门的 $CO_2$ 排放量提前达到峰值。在以服务业为主的第三产业高速发展中，建筑部门和交通部门的能耗还保持着较高的速度增长，第三产业相关部门的 $CO_2$ 排放峰值也会相对滞后。1973~2009 年，OECD 国家的工业部门能耗下降了 23.5%，但是交通终端能耗不降反升，增加了 68.6%，民用商业能耗也增长了 36.9%。2010 年之后，这些国家的交通和建筑终端能耗才开始下降。

发达国家各类碳排放峰值时间和能耗峰值时间如表 5-2 所示，碳排放总量达到峰值最早的是英国，因为英国是世界上最早完成工业化的国家，紧随其后的是欧盟国家。

表5-2 发达国家各指标峰值时间 单位：年

| 国家或地区 | 人均$CO_2$排放峰值时间 | $CO_2$排放总量峰值时间 | 能源消费总量峰值时间 | 工业部门终端能耗峰值时间 |
| --- | --- | --- | --- | --- |
| 美国 | 1973 | 2007 | 2007 | 1973 |
| 欧盟 | 1973 | 1980 | 2005 | 1973 |
| 英国 | 1973 | 1975 | 2001 | 1973 |
| 德国 | 1980 | 1980 | 1985 | 1973 |
| 日本 | 2005 | 2007 | 2004 | 1973 |

资料来源：BP世界能源统计2015。

# 第6章

# 碳排放峰值约束对能源结构调整的实证分析

根据本书前面几章的分析，我国目前的能源结构以煤炭为主，天然气以及风能、水能等非化石能源的比重逐年提升。在全球环境日益恶化的背景下，我国面临着碳减排的巨大压力。我国已经承诺到2030年碳排放量达到峰值以及尽早实现峰值。我国目前还是发展中国家，经济正处于高速发展阶段，每年需要消耗大量的能源，显然通过削减对能源的消耗来达到碳减排的目的是不合理的。只有改变过去以煤炭为主的能源结构，我国才能尽早实现碳排放峰值。在碳排放约束的背景下，我国能源结构将发生变化，接下来本书利用马尔科夫（Markov）链模型分析能源结构的变化过程。

## 6.1 马尔科夫链模型理论

马尔科夫过程是指，在给定当前知识或者信息的情况下，过去状态对于预测将来状态是无关的随机过程，即过程在时刻 $t(t>t_0)$ 所处的状态只与时刻 $t_0$ 的状态相关，而与时刻 $t_0$ 之前的状态无关。即：

$$P\{X_{n+1}=j|X_n=i,X_{n-1}=i_{n-1},\cdots,X_0=i_0\}$$
$$=P\{X_{n+1}=j|X_n=i\}=P_{ij} \quad (6.1)$$

其中，$P_{ij}$表示从状态 i 转变到状态 j 的转移概率。如果在转移过程中转移概率与 n 不相关，即为一个常数，则有：

$$P\{X_{n+1}=j|X_n=i\} = P\{X_1=j|X_0=i\} = P_{ij} \quad (6.2)$$

这里的 $\{X_n\}$ 称为时齐的马尔科夫链，$P=(P_{ij})$ 是 $\{X_n\}$ 的一步转移概率矩阵，简称转移矩阵。

基于马尔科夫链的特性，本书利用马尔科夫链对中国能源结构进行预测。这里假设能源结构变化过程是时齐的马尔科夫链，首先计算过去每年的能源结构数据估算出样本区间内的平均转移概率矩阵 P，其次根据确定的能源初始状态，预测能源结构的变化路径。

假设在某一时刻 n，能源结构状态向量为 $S_n = \{S_{1(n)}, S_{2(n)}, S_{3(n)}, S_{4(n)}\}$，其中 $S_{1(n)}$、$S_{2(n)}$、$S_{3(n)}$ 和 $S_{4(n)}$ 分别表示在 n 时刻，煤炭、石油、天然气和非化石能源在一次能源消费中所占的比例。设 $p_{ij}$（i, j = 1, 2, 3, 4）表示能源结构中，在 n 时刻处于 i 状态（i 类能源），而在 n+1 时刻转变为 j 状态（j 类能源）的概率。例如，$p_{12}$ 表示在 n 时刻的煤炭在 n+1 时刻转变为石油的概率。设能源结构的马尔科夫链中的转移概率矩阵为 P，通过 n 时刻的能源结构可以预测 n+m 时刻的能源结构。即：

$$S_{(n+m)} = S_n \times P \quad (6.3)$$

其中，转移概率矩阵可以表示为：

$$P = \begin{bmatrix} p_{11} & p_{12} & p_{13} & p_{14} \\ p_{21} & p_{22} & p_{23} & p_{24} \\ p_{31} & p_{32} & p_{33} & p_{34} \\ p_{41} & p_{42} & p_{43} & p_{44} \end{bmatrix} \quad (6.4)$$

在转移概率矩阵 P 中，主对角线上的元素 $p_{ij}$（i = j）代表四种一次能源保持原有份额的概率（保留概率）。非对角线上的元素表示转移概率，转移矩阵的每一行之和等于 1，且 $p_{ij} \geq 0$。利用马尔科夫链预测模型进行能源结构的演变预测，确定转移概率 P 最为关键。计算转移概率矩阵 P 的步骤如下：

第一，计算保留概率元素的值。能源结构从 n 时刻转移到 n + m 时刻，当某一种能源的占比增加时，那么这种能源的保留概率就是1。如果某一种能源的比重降低，则该类能源的保留概率为：

$$P_{ij} = \frac{n + m \text{ 时刻 i 类能源占比}}{n \text{ 时刻 i 类能源占比}} \tag{6.5}$$

第二，确定保留概率为1的元素所在行的其他转移概率元素值。保留概率为1，说明该行所代表的能源比重增加，即该类能源不向其他能源转移，由每一行的转移概率元素值相加总和为1，该行其他转移概率元素值都为0。

第三，确定保留概率小于1的元素所在列的吸收概率元素值。如果某列的保留概率元素值小于1，表明该列所代表的能源比重减少，说明该类能源不从其他能源吸收份额，即没有其他能源向该类能源转移，该列的吸收概率元素值都是0。

第四，确定保留概率小于1的元素所在行的非零转移概率元素值。以煤炭为例，分别计算煤炭向其他类能源的转移概率，计算方法如下：

$$p_{13} = \frac{(1 - p_{11}) \times [S_{3(n+m)} - S_{3(n)}]}{[S_{3(n+m)} - S_{3(n)}] + [S_{4(n+m)} - S_{4(n)}]} \tag{6.6}$$

$$p_{14} = \frac{(1 - p_{11}) \times [S_{4(n+m)} - S_{4(n)}]}{[S_{3(n+m)} - S_{3(n)}] + [S_{4(n+m)} - S_{4(n)}]} \tag{6.7}$$

## 6.2 无碳排放约束下的能源结构演变

为求出中国能源结构在无碳排放约束下的演变情况，首先要确定近十年中国能源结构的马尔科夫链转移概率 P。本书利用 OLS 估计模型测算出转移概率矩阵，齐次的马尔科夫链满足：

$$S_{i(t)} = \sum_{i=1}^{4} S_{i(t-1)} p_{ij} (i,j = 1,2,3,4) \tag{6.8}$$

构建转移概率 $p_{ij}$ 的估计模型如下：

$$S_{i(t)} = \sum_{i=1}^{4} S_{i(t-1)} p_{ij} + u_{j(t)} (i,j = 1,2,3,4) \text{ s.t.} \begin{cases} \sum_{i=1}^{4} p_{ij} = 1 \\ p_{ij} \geq 0 \end{cases} \tag{6.9}$$

其中，$u_{j(t)}$ 为各期的随机误差变量，利用 Lingo 软件对上述二次回归模型求解。本书的目的是对 2030 年前后中国能源结构演变的预测，为了更好地反映中国能源结构的变化规律，本书截取的数据从 2005 年开始。将中国 2005~2014 年的历年能源结构数据带入上述的二次回归模型，估计出我国能源结构演变的马尔科夫链转移概率矩阵为：

$$P = \begin{bmatrix} 0.9894 & 0.0025 & 0.0025 & 0.0056 \\ 0.0027 & 0.9828 & 0.0097 & 0.0048 \\ 0 & 0 & 1 & 0 \\ 0.0041 & 0 & 0.0065 & 0.9894 \end{bmatrix} \tag{6.10}$$

然后以 2014 年为初始状态，根据式（6.3）可以算出 2016~2035 年无碳排放峰值约束下的中国能源结构，如表 6-1 所示。

表 6-1　　　　　无碳排放约束下的能源结构演变

| 年份 | 煤炭比例 | 石油比例 | 天然气比例 | 非化石能源比例 |
|---|---|---|---|---|
| 2016 | 0.6479 | 0.1684 | 0.065 | 0.1186 |
| 2017 | 0.642 | 0.1671 | 0.069 | 0.1218 |
| 2018 | 0.6361 | 0.1658 | 0.073 | 0.1249 |
| 2019 | 0.6303 | 0.1645 | 0.077 | 0.1279 |
| 2020 | 0.6246 | 0.1632 | 0.081 | 0.1309 |
| 2021 | 0.619 | 0.162 | 0.085 | 0.1338 |
| 2022 | 0.6134 | 0.1608 | 0.089 | 0.1366 |
| 2023 | 0.6079 | 0.1596 | 0.093 | 0.1394 |

续表

| 年份 | 煤炭比例 | 石油比例 | 天然气比例 | 非化石能源比例 |
| --- | --- | --- | --- | --- |
| 2024 | 0.6025 | 0.1584 | 0.097 | 0.1421 |
| 2025 | 0.5971 | 0.1572 | 0.101 | 0.1447 |
| 2026 | 0.5918 | 0.156 | 0.105 | 0.1473 |
| 2027 | 0.5866 | 0.1548 | 0.109 | 0.1498 |
| 2028 | 0.5814 | 0.1536 | 0.1129 | 0.1522 |
| 2029 | 0.5763 | 0.1524 | 0.1168 | 0.1546 |
| 2030 | 0.5712 | 0.1512 | 0.1207 | 0.1569 |
| 2031 | 0.5662 | 0.15 | 0.1246 | 0.1592 |
| 2032 | 0.5613 | 0.1488 | 0.1285 | 0.1614 |
| 2033 | 0.5564 | 0.1476 | 0.1324 | 0.1635 |
| 2034 | 0.5516 | 0.1465 | 0.1363 | 0.1656 |
| 2035 | 0.5468 | 0.1454 | 0.1402 | 0.1676 |

从表6-1可以看出，在没有碳排放约束的情况下，我国的能源结构变化特点是：煤炭的比重逐年下降，石油的占比也呈现下降的趋势，且石油每年的下降速度比较缓慢。而天然气和非化石能源的占比都是逐年增加。2030年，在没有碳排放峰值约束下，我国的能源结构是：煤炭、石油、天然气、非化石能源分别占比57.12%、15.12%、12.07%、15.69%。

## 6.3

### 碳排放约束下的能源结构演变

为了在2030年之前实现碳排放达到峰值的目的，2014年，国务院印发了《能源发展战略行动计划（2014~2020年）》，提出坚持"节约、清洁、安全"的战略方针，加快构建清洁、高效、安全、可持续的现代能源体系。该行动计划作为我国未来几年的能源发展方向，各部门都要实施相关措施以达到我国能源规划中提出的指标。其中，能源战略行动计划提出了优化能源结构的要求,即到2020年,非化石能源占一次能源消费比重达到15%,天然气比重达到10%以上,煤炭消费比重进一步降低。由于我国能源结构中石油比例一直很稳定,本书假定2020年有碳排放约束的一次能源消费中石油的比重和无碳排放约束的一样,即石油占16.32%。因此,2020年我国规划的能源结构是:煤炭、石油、天然气、非化石能源分别占比为58.68%、16.32%、10%、15%。

根据式(6.3)~式(6.7),在已知2014年和2020年的能源结构情况下,有$S_{(2020)} = S_{(2014)} \times P^6$,可以求出转移概率矩阵:

$$P^6 = \begin{bmatrix} 0.8891 & 0 & 0.0589 & 0.0520 \\ 0 & 0.9544 & 0.0242 & 0.0214 \\ 0 & 0 & 1 & 0 \\ 0 & 0 & 0 & 1 \end{bmatrix} \quad (6.11)$$

$$P = \begin{bmatrix} 0.9806 & 0 & 0.0103 & 0.0091 \\ 0 & 0.9923 & 0.0041 & 0.0036 \\ 0 & 0 & 1 & 0 \\ 0 & 0 & 0 & 1 \end{bmatrix} \quad (6.12)$$

在确定转移概率以后,以2014年的能源结构为初始状态,算出每年的能源结构,如表6-2所示。

上述的P即为能源结构的马尔科夫链转移概率矩阵,在确定转移概率以后,以2014年的能源结构为初始状态,根据式(6.3)算出每年的能源结构,如表6-2所示。

表6-2　　　　　　　　碳排放约束下的能源结构演变

| 年份 | 煤炭比例 | 石油比例 | 天然气比例 | 非化石能源比例 |
| --- | --- | --- | --- | --- |
| 2016 | 0.6346 | 0.1684 | 0.0719 | 0.1251 |
| 2017 | 0.6223 | 0.1671 | 0.0791 | 0.1315 |
| 2018 | 0.6102 | 0.1658 | 0.0862 | 0.1378 |
| 2019 | 0.5984 | 0.1645 | 0.0932 | 0.1439 |

## 第6章 碳排放峰值约束对能源结构调整的实证分析

续表

| 年份 | 煤炭比例 | 石油比例 | 天然气比例 | 非化石能源比例 |
| --- | --- | --- | --- | --- |
| 2020 | 0.5868 | 0.1632 | 0.1000 | 0.1500 |
| 2021 | 0.5754 | 0.1619 | 0.1068 | 0.1559 |
| 2022 | 0.5642 | 0.1608 | 0.1133 | 0.1617 |
| 2023 | 0.5533 | 0.1595 | 0.1198 | 0.1674 |
| 2024 | 0.5426 | 0.1583 | 0.1262 | 0.1729 |
| 2025 | 0.5321 | 0.1571 | 0.1324 | 0.1784 |
| 2026 | 0.5218 | 0.1559 | 0.1385 | 0.1838 |
| 2027 | 0.5117 | 0.1547 | 0.1445 | 0.1891 |
| 2028 | 0.5018 | 0.1535 | 0.1504 | 0.1943 |
| 2029 | 0.4921 | 0.1523 | 0.1562 | 0.1994 |
| 2030 | 0.4826 | 0.1511 | 0.1619 | 0.2044 |
| 2031 | 0.4732 | 0.1499 | 0.1675 | 0.2094 |
| 2032 | 0.4640 | 0.1488 | 0.1730 | 0.2142 |
| 2033 | 0.4550 | 0.1477 | 0.1784 | 0.2189 |
| 2034 | 0.4462 | 0.1465 | 0.1837 | 0.2236 |
| 2035 | 0.4375 | 0.1454 | 0.1889 | 0.2282 |

对比表6-1和表6-2，可以看出，在碳排放的约束下，能源结构中煤炭比例下降速度更快。2030年无碳排放约束的煤炭占比57.12%，有碳排放约束的煤炭占比则仅有48.26%。在碳排放的约束下天然气和非化石能源则呈现出快速增长的态势。2030年无碳排放约束天然气和非化石能源分别占比为12.07%和15.69%，有碳排放的约束下两者则分别上升到了16.19%和20.44%。从表5-1和表5-2的对比结果中得知，在碳排放约束下，含碳量高的能源种类消费比例下降，二氧化碳排放系数最高的煤炭下降最为明显。天然气含碳量比较低，在未来的能源消费结构中天然气的比重将不断上升。非化石能源主要包括风能、水电、核电、太阳能等清洁能源，这些能源的消费比重呈现高速增长的趋势。有无碳排放约束中国能

源结构的区别如图 6-1 所示。

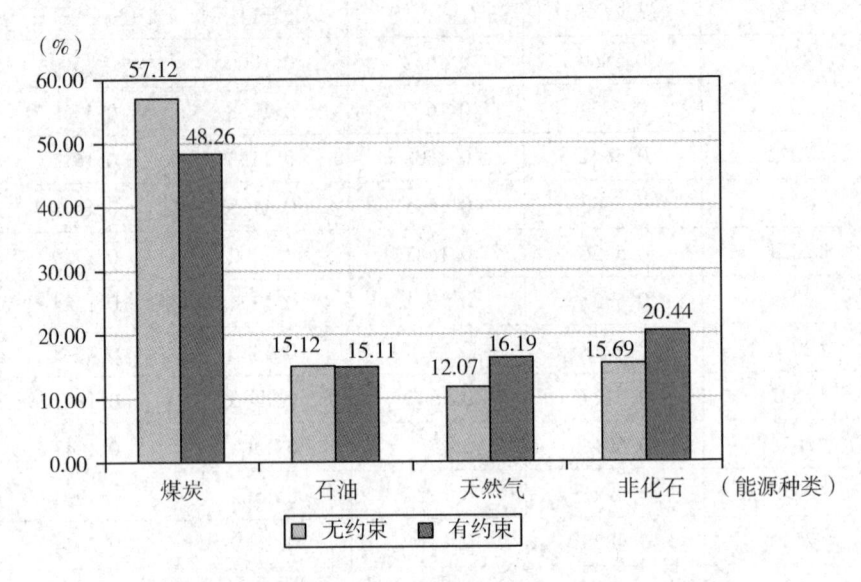

图 6-1 2030 年中国有无碳排放约束的能源结构差异

| 能源种类 | 无约束 | 有约束 |
|---|---|---|
| 煤炭 | 57.12 | 48.26 |
| 石油 | 15.12 | 15.11 |
| 天然气 | 12.07 | 16.19 |
| 非化石 | 15.69 | 20.44 |

## 6.4 碳排放分析

"新常态"下中国的经济增长放缓，经济发展转型，不仅能源结构发生调整，能源的总消费量也会随着经济总量以及经济结构的变化而改变。本书参考林卫斌等的研究结果，具体经济增速和能源消费增速如表 6-3 所示。

表 6-3　　　新常态下的中国经济增长和能源需求增速预测　　　单位:%

| 时间段 | GDP 增速 | 能源需求增速 |
|---|---|---|
| 2016~2020 年 | 7.0 | 2.9 |
| 2021~2025 年 | 5.5 | 1.6 |
| 2026~2030 年 | 4.5 | 0.7 |

资料来源：文献整理。

# 第6章 碳排放峰值约束对能源结构调整的实证分析

根据能源增速可以预测未来一段时间我国每年的能源消费总量，然后结合本章前面分析得出的两种情况下的能源结构，可以计算出每年各类能源的消费量，再由各类能源的碳排放系数算出每年的碳排放量。结果如表6-4所示。

表6-4　　　　　　　　两种情况下的碳排放量预测

| 年份 | 能源消费量（万吨标准煤） | 无约束碳排放量（万吨） | 有约束碳排放量（万吨） |
| --- | --- | --- | --- |
| 2016 | 451066.27 | 1018550.80 | 1007085.55 |
| 2017 | 464147.19 | 1042276.62 | 1024710.09 |
| 2018 | 477607.46 | 1066521.95 | 1042695.40 |
| 2019 | 491458.07 | 1091432.74 | 1061188.76 |
| 2020 | 505710.36 | 1117031.14 | 1079991.19 |
| 2021 | 513801.72 | 1129005.81 | 1085391.39 |
| 2022 | 522022.55 | 1141077.71 | 1090943.19 |
| 2023 | 530374.91 | 1153393.43 | 1096606.88 |
| 2024 | 538860.91 | 1165960.02 | 1102497.40 |
| 2025 | 547482.68 | 1178633.48 | 1108418.44 |
| 2026 | 551315.06 | 1181012.46 | 1104590.55 |
| 2027 | 555174.27 | 1183520.39 | 1100870.38 |
| 2028 | 559060.49 | 1185913.77 | 1097261.14 |
| 2029 | 562973.91 | 1188438.21 | 1093766.09 |
| 2030 | 566914.73 | 1190939.88 | 1090388.54 |

从表6-4可知，我国的能源消费总量是逐年递增的，两种情况下的碳排放量呈现出不同的趋势。为了更加直观地表现出两种情景下的碳排放量，制作图6-2。

从图6-2中可以看出，在没有约束的情景下，我国的碳排放量逐年递

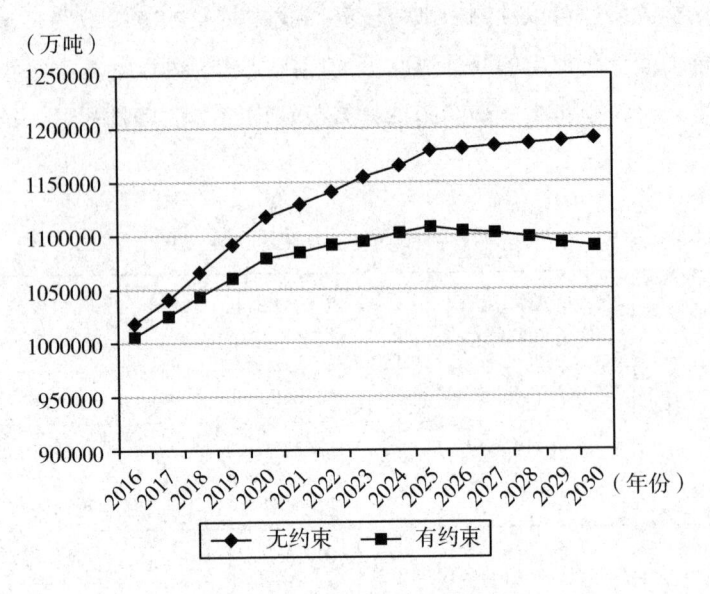

图 6-2 两种情景下的碳排放量

增,直到 2030 年都没有出现峰值,2030 年二氧化碳排放量达到 119.09 亿吨;在有约束的情景下,我国的碳排放量相对减少,同时在 2025 年出现了峰值,为 110.84 亿吨。2025 年之后二氧化碳排放量呈现出逐年递减的趋势,2030 年碳排放量下降到 109.04 亿吨。

## 6.5 小 结

本章利用马尔科夫链模型预测了我国在两种情景下的能源结构和碳排放量。从本章的分析得知,为了使我国在 2030 年之前实现碳排放达峰,国家制定了《能源发展战略行动计划(2014~2020 年)》。在碳排放峰值的约束下,我国的能源结构优化速度提升,主要表现在煤炭占比的年下降率提高,而天然气和非化石能源比重年增长率提高。在无约束的情景下,2030 年我国煤炭消费占总能源消费量的比重尚有 57.12%,而在碳排放的约束下,2030 年煤炭占比仅有 48.26%。

非化石能源作为清洁能源，主要包括水电、核电、风能、太阳能等，消费过程中几乎不排放二氧化碳，所以该类能源的占比逐年提升。为了加快能源结构优化的速度，非化石能源的比重年增长速度提升。为了尽早实现碳排放量达峰，在这个目标的约束下，含碳量高的能源逐步被低碳能源替代，天然气作为一种含碳量较低的能源，在未来的能源结构调整中具有巨大的提升空间。纵观碳排放峰值约束对整个能源结构的影响，2030年的能源结构将从煤炭、石油、天然气、非化石能源分别占比57.12%、15.12%、12.07%、15.69%变化到48.26%、15.11%、16.19%、20.44%。

# 第7章

# 能源结构调整的经济效应实证分析

根据前文的分析,在碳排放峰值的约束下,我国未来的能源结构将发生比较大的变化,非化石能源逐渐代替化石能源。由于天然气、水电、核电、风能等清洁能源价格比较高,我国能源消费长期依赖的煤炭价格低廉,在能源替代的过程中势必造成能源消费成本的提高。能源成本的提高将会对宏观经济造成一定的影响,针对不同的行业,能源成本的提高造成的影响程度不同,高耗能的行业受到的影响比较大,而低耗能的行业受到的影响比较小。本章节将通过实证分析来定量的判定能源成本变化对工业各行业造成的影响。

## 7.1 理论模型构建

在最终产品的生产过中能源作为重要的中间品投入,能源成本的变化对工业增加值产生深刻的影响。根据新经济增长理论,本书首先构建生产函数模型,该模型包含最终产品部门、中间部门、能源部门的三部门,其次定量地研究能源成本变动对工业增加值的影响。

假设工业部门每个行业最终产品的生产都服从柯布-道格拉斯生产函数,这里用 i 表示不同的行业。则生产函数可以用式(7.1)来表示:

$$Y_{it} = (A_{it}N_{it})^{1-\alpha_i}(q_{it}x_{it})^{\alpha_i} \qquad (7.1)$$

式中的$Y_{it}$代表产值,$A_{it}$代表行业 i 在 t 时刻受到的外部冲击例如经济环境的变化,$q_{it}$表示中间品生产技术水平,$x_{it}$代表行业 i 生产所需要的中间品,$N_{it}$代表劳动力 L 和资本 K 的函数,如式(7.2)表示:

$$N_{it} = L_{it}^{1-\varepsilon_i} K_{it}^{\varepsilon_i} \tag{7.2}$$

在这里假设劳动力和资本是外生给定的,不同的行业具有不同的$\alpha_i$和$\varepsilon_i$,并且假设能源的消费发生于中间品对其的消耗,能源的消费量和中间品投入两者的关系可以如式(7.3)表示:

$$x_{it} = \xi_{it} E_{it} \tag{7.3}$$

其中$E_{it}$表示行业 i 在 t 时刻一单位中间品的生产所需要消耗的能源,$\xi_{it}$代表行业 i 在 t 时刻中间品对能源消耗的效率,$\xi_{it}$越大,能源效率越高。根据 Aghion & Howitt(1992)的假设,生产一单位中间品需要消耗一单位的最终品,生产函数给定了中间品的需求弹性,为$1/(1-\alpha_i)$,强最终品的价格单位化成 1,则中间品的边际成本为 1,因此得出中间品的价格为:

$$p_{it} = \frac{1}{\alpha_i} \tag{7.4}$$

生产一单位最终产品的投入分为两部分,中间品和能源,即生产一单位最终产品的成本为$p_{it} + P_{E_t}/\xi_{it}$,其中$P_{E_t}$代表能源的价格。根据柯布-道格拉斯生产函数格式,可以得到中间品的生产函数为:

$$x_{it} = \alpha_i^{2/(1-\alpha_i)} A_{it} N_{it} q_{it}^{\alpha_i/(1-\alpha_i)} [1 + \alpha_i P_{E_t}/\xi_{it}]^{-1/(1-\alpha_i)} \tag{7.5}$$

令$\Delta_{it} = [1 + \alpha_i P_{E_t}/\xi_{it}]^{-1/(1-\alpha_i)}$,$\Delta_{it}$称作能源成本因子,则

$$E_{it} = \alpha_i^{2/(1-\alpha_i)} \xi_{it} A_{it} N_{it} q_{it}^{\alpha_i/(1-\alpha_i)} \Delta_{it} \tag{7.6}$$

将式(7.5)和式(7.6)带入式(7.1)得到各行业的产值表达式:

$$Y_{it} = \alpha_i^{2/(1-\alpha_i)} A_{it} N_{it} q_{it}^{\alpha_i/(1-\alpha_i)} \Delta_{it}^{\alpha_i} \tag{7.7}$$

据此可以得到各行业增加值的表达式为:

$$VA_{it} = Y_{it} - P_{it}X_{it} - P_E E_{it} = \alpha_i^{2\alpha_i/(1-\alpha_i)}(1-\alpha_i) A_{it} N_{it} q_{it}^{\alpha_i/(1-\alpha_i)} \Delta_{it}^{\alpha_i} \tag{7.8}$$

从上式可以看出，影响工业增加值的因素主要有生产技术水平、劳动和资本的投入，以及能源成本。不同的行业的产出对影响因子的敏感度不同，有些行业相对依赖劳动或资本投入，而有些行业则依靠消耗大量的能源来促进产出增长。能源作为一种重要的要素投入，对生产有着深刻的影响，能源成本的变化影响企业的生产成本，能源成本变动对工业增加值的影响在不同的行业之间体现着差异。

## 7.2 计量模型构建

本书主要研究能源成本变动对工业各行业增加值的影响。根据工业二位数行业的划分，以及数据的可获得性，本书对工业36个行业进行研究，定量分析能源成本变化对每个行业的影响程度。本书将工业增加值决定式(7.8)取对数作为计量模型：

$$\ln VA_{it} = C_i + \beta_1 \ln L_{it} + \beta_2 \ln K_{it} + \beta_3 \ln q_{it} + \beta_4 \ln \xi_{it} \\ + \beta_5 \ln P_{E_t} + \varepsilon_{it} \tag{7.9}$$

其中，$VA_{it}$表示第i个行业在t年份的工业增加值；$C_i$表示截距项；$L_{it}$表示第i个行业在t年份的劳动力投入；$K_{it}$表示第i个行业在t年份的资本投入；$q_{it}$表示第i个行业在t年份的生产技术水平；$\xi_{it}$表示能源使用效率；$P_{E_t}$表示能源价格；$\varepsilon_{it}$代表随机扰动项；$\beta$代表待估参数。

本书实证的重点是研究能源成本变动对工业增加值的影响。能源作为企业生产的重要投入要素，能源成本的变化无疑会对企业生产成本造成影响，进而影响整个行业增加值。本书用能源价格代理能源成本，能源价格越高，企业能源投入成本越大。首先通过实证得出能源价格变动对工业整个行业增加值的影响，其次将36个工业行业分成两组，即能源消费密集型和非能源消费密集型。划分依据是：将36个行业的历史平均能源消费强度按从大到小排序，排在前面的18个行业为能源密集型行业，后面18个行业是非能源密集型行业。最后对这两组行业进行实证分析，得出能源价格变动对不同类型行业增加值的不同影响。

在实证之前，本书做出以下两个假设：

$H_1$：能源价格变动对工业增加值的增长起负作用。

$H_2$：能源价格变动对能源密集型行业的工业增加值的负影响较大，对非能源密集型行业的工业增加值的负影响较小。

## 7.3 面板数据分析

本书依据《国民经济行业分类标准》中的二位数行业分类标准，以及数据的可获得性，将工业行业划分成 36 个行业，样本数据时间段为 1993～2014 年。样本变量包括工业总产值、工业增加值、从业人员数、资本存量、能源投入、生产技术水平、能源效率和能源价格。

### 7.3.1 描述性分析

分行业的工业总产值数据来源于《国家统计年鉴》和《中国工业经济统计年鉴》，其中 2012 年以后的工业总产值用工业销售产值来代替。分行业工业增加值数据来源于《中国工业经济统计年鉴》，其中 2008 年开始统计年鉴只提供了每年的工业增加值的增长率，本书在 2007 年的工业增加值的基础上根据每年的增长率计算出工业增加值。工业分行业就业数据来源于《中国工业经济统计年鉴》和《中国劳动统计年鉴》提供的各行业年就业平均人数。资本存量数据通过永续盘存法计算：

$$资本存量_t = 可比价全部口径投资额_t + (1 - 折旧率) \times 资本存量_{t-1}$$

其中样本数据初始年份 1993 的资本存量用当年可比价固定资产净值来代理。工业分行业能源消费数据由《中国能源统计年鉴》取得。能源效率用单位能源产值来表示；能源价格变量用国家统计局发布的燃料、动力类工业生产者购进价格指数代理；分行业生产技术水平用分行业劳动生产率来表示，数据由国家统计年鉴整理得到。

为了剔除由于价格变动给各变量带来的影响，本书的数据均以1990年为基期。利用《中国价格统计年鉴》提供的分行业工业生产者出厂价格指数对工业总产值和工业增加值进行平减，得出以1990年为基期的可比价工业总产值和工业增加值。资本存量计算过程中用到的投资额数据，由于统计年鉴没有提供分行业的固定资产投资价格指数，本书用工业全行业的固定资产价格指数来对工业分行业现价投资额进行平减，固定资产投资价格指数由历年的《中国统计年鉴》整理得到。

相关变量的统计性描述如表7-1所示。

表7-1　1993~2014年工业分行业投入产出变量统计性描述

| 变量 | 单位 | 平均值 | 最大值 | 最小值 | 标准差 | 截面数 |
| --- | --- | --- | --- | --- | --- | --- |
| 工业总产值（$GV$） | 亿元 | 9580.54 | 85274.75 | 52.84 | 14906.97 | 36 |
| 工业增加值（$VA$） | 亿元 | 1471.08 | 29687.00 | 1.00 | 2707.50 | 36 |
| 从业人员（$L$） | 万人 | 303.24 | 1557.00 | 16.00 | 265.20 | 36 |
| 资本存量（$K$） | 亿元 | 1787.63 | 22403.34 | 27.00 | 2671.67 | 36 |
| 能源投入（$E$） | 万吨标准煤 | 4302.70 | 69342.42 | 77.41 | 8722.98 | 36 |
| 生产技术水平（$q$） | 万元/人 | 3.575 | 55.710 | 0.048 | 6.028 | 36 |
| 能源效率（$\xi$） | 万元/吨标准煤 | 3.575 | 55.710 | 0.048 | 6.028 | 36 |
| 能源价格指数（$P$） | 100 | 279.61 | 379.30 | 193.40 | 60.37 | 36 |

注：能源效率=工业总产值/能源投入，生产技术水平=工业总产值/平均就业人数

### 7.3.2　单位根检验

为了避免伪回归，需要对数据进行平稳性检验。本书采用LLC（Levin, Lin, Chu）和ADF-Fisher方法对面板数据进行单位根检验。其中LLC是相同根的单位根检验，ADF-Fisher是不同根的单位根检验。若两种检验

结果均在一定显著性水平上拒绝原假设,则不存在单位根,即数据是平稳的,反之数据是非平稳的。单位根检验首先从数据的水平序列开始,如果存在单位根,则需要进行一阶差分再进行单位根检验。若一阶差分序列仍然存在单位根,则需要进行二阶差分序列单位根检验,直到序列检验结果是平稳为止。

从表7-2可以看出,所有变量的原序列均是非平稳序列,但是其一阶差分都是平稳序列。检验结果显示变量之间存在同阶单整,接下来将进行协整检验。

表7-2　　　　　　　　面板数据平稳性检验结果

| 变量 | LLC 检验值 | ADF-Fisher 检验值 | 平稳性 |
| --- | --- | --- | --- |
| lnVA 原序列 | -3.2517 | 35.4552 | 非平稳 |
| lnVA 一阶差分 | -13.6468 | 347.915 | 平稳 |
| lnL 原序列 | 0.1339 | 63.1532 | 非平稳 |
| lnL 一阶差分 | -10.5254 | 268.748 | 平稳 |
| lnK 原序列 | 1.8479 | 85.5385 | 非平稳 |
| lnK 一阶差分 | -10.4244 | 226.272 | 平稳 |
| lnq 原序列 | -4.81674 | 55.3448 | 非平稳 |
| lnq 一阶差分 | -23.2823 | 460.428 | 平稳 |
| lnξ 原序列 | -0.02535 | 52.7743 | 非平稳 |
| lnξ 一阶差分 | -24.6821 | 581.291 | 平稳 |
| lnP 原序列 | -8.48825 | -18.5967 | 非平稳 |
| lnP 一阶差分 | -24.6821 | 310.716 | 平稳 |

注:检验结果显著性水平均是1%。

### 7.3.3　协整检验

协整检验是确定变量之间是否存在长期的均衡关系的方法。面板数据的协整检验方法主要有两种,一种是以 Johansen 协整检验为基础,进行面板协整检验；另一种是以 Engle and Granger 二步法检验为基础，进行面板协整检验，检验方法有 Pedroni 检验和 Kao 检验。本书选用 Kao 检验方法对三组面板数据分别进行协整检验，检验结果如表 7-3 所示。

表 7-3　　　　　　　　　面板数据协整检验结果

|  | 检验值 | Prob | 是否存在协整 |
| --- | --- | --- | --- |
| 全部行业 | -5.837107 | 0.0000 | 是 |
| 能源密集型行业 | -4.391747 | 0.0000 | 是 |
| 非能源密集型行业 | -6.535959 | 0.0000 | 是 |

根据表 7-3 可知，三组面板数据的协整检验结果均在 1% 显著水平下拒绝了不存在协整关系的原假设，表明了各变量之间存在着长期的协整关系。

## 7.4 面板数据模型选择

本书研究的数据包括 36 个行业 1993~2014 年的面板数据，面板数据的估计一般有三种模型，混合估计模型、固定效应模型和随机效应模型。如果时间序列个体间不存在显著的差异，不同截面间也不存在显著的差异，则可以使用混合估计模型；如果不同的截面或者时间序列，截距不同，则可以选择固定效应模型；如果固定效应模型中的截距项包含截距随机误差项和时间随机误差项的平均效应，此时应该选择随机效应模型进行参数估计。本书首先利用 F 检验来确定应该选择混合模型还是固定效应模型，再由 Hausman 检验来决定构建固定效应模型还是随机效应模型。

设定两个假设：

原假设 $H_3$：不同个体的模型截距项相同（构建混合估计模型）。

备择假设 $H_4$：不同个体的模型截距项不同（构建个体固定效应模

型)。

F 统计量定义为：

$$F = \frac{(SSE_r - SSE_u)/[(NT-K-1)-(NT-N-K)]}{SSE_u/(NT-N-K)}$$

$$= \frac{(SSE_r - SSE_u)/(N-1)}{SSE_u/(NT-N-K)} \tag{7.10}$$

其中，$SSE_r$ 表示约束模型，即混合估计模型的残差平方和；$SSE_u$ 表示非约束模型，即个体固定效应回归模型的残差平方和；K 表示解释变量的个数；N 表示截面个体总数；T 表示截面个体的样本数据的时期数，非约束模型比约束模型多了 N-1 个被估参数。若 F 的值小于在给定显著性水平下的临界值，则可以接受原假设，选择混合回归模型进行回归；若 F 值大于临界值，则拒绝原假设，应该建立个体固定效应模型。根据 Eviews 估计两种回归模型分别得出残差平方和，然后代入式（6.10）得出：

（1）所有行业 F 统计量为：

$$F = \frac{(152.3732 - 48.73347)/35}{152.3732/751} = 14.59 > F_{0.05}(35,751) \tag{7.11}$$

（2）能源密集型行业 F 统计量为：

$$F = \frac{(72.19942 - 24.31842)/17}{72.19942/247} = 9.64 > F_{0.05}(17,247) \tag{7.12}$$

（3）非能源密集型行业 F 统计量为：

$$F = \frac{(49.74838 - 18.23644)/11}{49.74838/247} = 14.22 > F_{0.05}(11,247) \tag{7.13}$$

根据以上三个 F 计算结果，均拒绝原假设，即三组行业均应该建立个体固定效应回归模型。然后要确定固定效应模型与随机效应模型哪个更适合。本书利用 Hausman 检验方法来确定应建模型。Hausman 检验的原假设是个体效应与回归变量没有关系，应该建立随机效应模型。通过 Eviews8.0

对面板数据进行 Hausman 检验，检验结果如表 7-4 所示。

表 7-4　　　　　　　　　Hausman 检验结果

| | 全部行业 | 能源密集型行业 | 非能源密集型行业 |
| --- | --- | --- | --- |
| 检验值 | 18.93 | 0 | 11.286021 |
| Prob | 0.0020 | 1.0000 | 0.0510 |

根据表 7-4，全部行业的 Hausman 检验值为 18.93，对应的 P 值为 0.0020，小于 0.05，所以全部行业应该建立个体固定效应模型。能源密集型行业的 Hausman 检验值为 0，对应的 P 值为 1，大于 0.05，所以能源密集型行业应该建立随机效应模型。非能源密集型行业的 Hausman 检验值为 11.286021，对应的 P 值为 0.0051，大于 0.05，所以能源密集型行业应该建立随机效应模型。

## 7.5 实证结果分析

本书的实证分为三个部分，首先对工业全部共 36 个行业进行实证分析，得出能源价格变动对工业增加值得影响系数。其次分别构建能源密集型行业面板数据模型和非能源密集型行业面板数据模型，依次对两组行业进行回归分析，分别得出这两组行业工业增加值受到能源价格变动的影响系数。最后将这三组行业工业增加值的能源价格影响系数进行比较，分析其中的差异。

在进行回归分析之前首先需要对 36 个工业行业进行分组。根据 36 个工业行业 1993~2014 年的历史平均能源强度，将其分成能源密集型行业和非能源密集型行业。将能源强度排名前 18 名的行业划分到能源密集型行业组，后 18 名行业划分到非能源密集型行业组。行业分组结果如表 7-5 所示。

表7-5　　能源密集型行业与非能源密集型行业　　单位：吨标准煤/万元

| 能源密集型行业 | 能源强度 | 非能源密集型行业 | 能源强度 |
| --- | --- | --- | --- |
| 石油和天然气开采业 | 13.658558 | 木材加工及木、竹、藤、棕、 | 0.6854982 |
| 水的生产和供应业 | 8.5727730 | 农副食品加工业 | 0.6533945 |
| 煤炭开采和洗选业 | 6.6331563 | 文教体育用品制造业 | 0.6198602 |
| 黑色金属冶炼及压延加工业 | 6.4243932 | 金属制品业 | 0.6143361 |
| 燃气生产和供应业 | 6.3161928 | 饮料制造业 | 0.5940143 |
| 石油加工、炼焦及核燃料加工业 | 5.6202697 | 通用设备制造业 | 0.5159097 |
| 电力、热力的生产和供应业 | 5.4177423 | 塑料制品业 | 0.4537081 |
| 非金属矿物制品业 | 4.5700136 | 专用设备制造业 | 0.4536327 |
| 黑色金属矿采选业 | 3.6135787 | 医药制造业 | 0.4148095 |
| 有色金属冶炼及压延加工业 | 2.4074603 | 印刷业和记录媒介的复制 | 0.4100306 |
| 非金属矿采选业 | 2.3879060 | 家具制造业 | 0.3417994 |
| 化学原料及化学制品制造业 | 2.1436434 | 交通运输设备制造业 | 0.3105381 |
| 造纸及纸制品业 | 1.8671521 | 皮革、毛皮、羽毛（绒）及其制品业 | 0.2674246 |
| 有色金属矿采选业 | 1.6452599 | 服装业 | 0.2266087 |
| 食品制造业 | 1.0925811 | 烟草制品业 | 0.1957155 |
| 化学纤维制造业 | 0.8224978 | 仪器仪表及文化、办公用 | 0.1759061 |
| 橡胶制品业 | 0.7784779 | 电气机械及器材制造业 | 0.1498264 |
| 纺织业 | 0.7502930 | 通信设备、计算机及其他 | 0.0763970 |

## 7.5.1　全部行业实证结果分析

为了研究能源成本对工业增加值的影响，本书利用Eviews8.0软件对全部36个工业行业进行回归。回归结果如表7-6所示。

表7-6　　　　　　　　　工业行业整体回归结果

| 解释变量 | Cefficient | Std. Error | t - Statistic | Prob |
| --- | --- | --- | --- | --- |
| 从业人员 | 0.645063 | 0.046969 | 13.73379 | 0.0000 |
| 资本存量 | 0.151237 | 0.030246 | 5.000161 | 0.0000 |
| 生产技术水平 | 0.678395 | 0.029489 | 23.00467 | 0.0000 |
| 能源效率 | 0.180627 | 0.018756 | 9.630269 | 0.0000 |
| 能源价格 | -0.391567 | 0.121321 | -3.227532 | 0.0013 |

$R^2$ = 0.968843　　　　F-statistic = 583.8115　　　Prob（F-statistic）= 0.000000

回归结果显示，各解释变量均在1%水平显著，拟合优度也很高。除了能源价格回归系数是负的，其余解释变量的回归系数均是正的。回归结果表明，从业人员和资本存量的投入对工业增加值起到促进作用。在过去20年的经济发展过程中，中国依靠大量的劳动力投入和资本投入，工业增加值每年高速增长。生产技术水平对工业增加值的增长起到最大的促进作用，凸显了科技水平对于经济发展的重要性，验证了科学技术是第一生产力。这一论断能源效率的回归系数也是正的，表明能源效率越高，企业必需能源投入就较少，降低能源消费成本，有利于工业增加值的增长。

能源价格变量的回归系数是负的，表明能源价格对工业增加值起抑制作用。验证了本书前面的假设。回归结果显示，能源价格每提高1%，工业增加值则减少0.392%。能源作为一种重要的要素投入，对经济的发展无疑起到巨大的推进作用，能源就是经济体发展前进的引擎。由于能源价格提高导致能源成本上升，加大了企业的投入成本。在投入资金有限的情况下，企业把较多的资金花在能源的使用上，则分配在其他方面的资金投入就减少，比如分配在生产技术研发的资金不利于行业生产技术水平的提高。可见，能源成本的提高会拖累了整个行业增加值的增长。2030年碳排放峰值约束下中国能源结构调整会抑制整个工业增加值的增长。

## 7.5.2 能源密集型行业实证结果分析

根据能源强度的行业分组结果，石油和天然气开采业能源强度最高，水的生产和供应业次之。能源密集型行业主要包括采矿业和冶金业，这些行业都是高耗能行业，同时也是对环境影响较大的行业。本节将求出在碳排放的约束下，能源价格变动对这些行业工业增加值的影响。

用 Eviews 软件对这 18 个行业构成的面板数据模型进行回归分析，求出各变量对工业增加值的影响，尤其是代表能源成本的能源价格变量对工业增加值的影响。回归结果如表 7-7 所示。

表 7-7　　　　　　　能源密集型行业整体回归结果

| 解释变量 | Cefficient | Std. Error | t - Statistic | Prob |
| --- | --- | --- | --- | --- |
| 从业人员 | 0.713513 | 0.054464 | 13.10068 | 0.0000 |
| 资本存量 | 0.201855 | 0.045683 | 4.418611 | 0.0000 |
| 生产技术水平 | 0.744734 | 0.037473 | 19.87403 | 0.0000 |
| 能源效率 | 0.158750 | 0.021090 | 7.527224 | 0.0000 |
| 能源价格 | -1.007452 | 0.161695 | -6.230583 | 0.0000 |
| $R^2$ = 0.902891 | F-statistic = 725.2189 | | Prob (F-statistic) = 0.000000 | |

根据表 7-7，能源密集型行业的样本拟合优度在 90% 以上。各变量均在 1% 水平上显著，除了能源价格变量的回归系数是负的，其余变量的回归系数均是正的。劳动力和资本投入的增加都会促进工业增加值的增长，生产技术水平的提高对工业增加值的促进作用尤为明显。能源效率的提高帮助企业节省能源的投入，所以也有利于工业增加值的增长，而能源价格的提高会增加企业的能源投入成本，尤其是能源消耗密集型行业。这类行业的特征是能源消耗量很大，能源强度很高。能源价格的回归系数为 -1.007452，其绝对值大于全部行业的能源价格回归系数的绝对值，说明能源价格的提高导致能源成本的上升，对能源密集型行业产生的影响更大。

首先能源密集型行业面临着更大的节能减排成本，其次这些行业长期以来依靠大量的能源、劳动和资本投入，促进了工业增加值的增长。但是这些行业的能源使用效率普遍较低，生产技术水平也较低。在能源成本提高的情景下，煤炭开采和洗选业、黑色金属冶炼及压延加工业等能源密集型行业的工业增加值减少的幅度更大。2030年碳排放峰值约束下的中国能源结构调整对能源密集型行业将会产生更大的冲击。高能耗行业需要做好应对能源成本提高的准备，需要做出更多、更大的调整，包括提高能源使用效率、提高生产技术水平等，只有这样才能应对节能减排的冲击。

### 7.5.3 非能源密集型行业实证结果分析

非能源密集型行业包括木材加工及木、竹、藤、棕和农副食品加工业等行业，几乎所有的高科技行业都分在了这组，例如通信设备制造业和专用设备制造业。该组行业的能源强度相对较低，其中能源强度最低的是通信设备、计算机及其他，其次是电气机械及器材制造业。可以看出这两个行业都属于高科技行业，说明高科技行业的能源强度较低，这类行业的发展更多地依靠技术的进步，更少地依赖能源的投入。

利用 Eviews 软件对非能源密集型行业组成的面板数据模型进行回归分析，求出各变量对工业增加值的影响，尤其是代表能源成本的能源价格变量对工业增加值的影响。回归结果如表7-8所示。

表7-8　　　　　　　　非能源密集型行业整体回归结果

| 解释变量 | Cefficient | Std. Error | t - Statistic | Prob |
| --- | --- | --- | --- | --- |
| 从业人员 | 0.707963 | 0.057188 | 12.37964 | 0.0000 |
| 资本存量 | 0.083216 | 0.042237 | 1.970224 | 0.0496 |
| 生产技术水平 | 0.803231 | 0.053605 | 14.98438 | 0.0000 |
| 能源效率 | 0.158871 | 0.037381 | 4.250072 | 0.0000 |
| 能源价格 | -0.327702 | 0.140905 | -2.325696 | 0.0206 |
| $R^2$ = 0.935539 | F-statistic = 975.2918 | | Prob（F-statistic）= 0.000000 | |

表 7-8 的计算表明，非能源密集型行业样本的拟合优度达到了 93.55%。从业人员、生产技术水平、能源效率这三个变量均在 1% 水平上显著为正，资本存量变量在 5% 水平上显著为正，而能源价格在 5% 水平上显著为负，回归系数为 -0.327702，说明对于能源强度相对较低的非能源密集型行业，能源价格的提高同样会抑制工业增加值的增长。在 2030 年碳排放峰值约束下，中国能源结构调整对非能源密集型行业同样造成负面的冲击。

为了体现能源成本提高对行业影响的差异性，将三组行业能源价格回归系数的绝对值进行比较，结果如下：

$$|-1.007452|>|-0.391567|>|-0.327702| \qquad (7.14)$$

根据三组面板数据的回归结果，验证了假设 $H_1$，即能源价格变动对工业增加值的增长起负的作用。根据上式比较结果，验证了 $H_2$，即能源价格变动对能源密集型行业的工业增加值负影响较大，对非能源密集型行业的工业增加值负影响较小。能源密集型行业往往是依赖于大量的能源投入来支持工业增加值的增长；而非能源密集型行业的能源消费强度较低，其更多地依靠生产技术的进步来促进工业增加值的增长。在节能减排的冲击下，低能耗行业能够更好地抵御能源成本提高的风险。

## 7.6 能源价格变化对工业增加值的影响

在 2030 年碳排放到达峰值这个目标的约束下，2030 年中国能源结构相对于无碳排放约束发生改变。相对价格较贵的清洁能源代替廉价的煤炭，导致能源的综合价格将会提高。本书前面已经定量地估算出能源综合价格变动对各类行业工业增加值的影响，接下来要确定在能源结构调整下能源综合价格的变化大小，以便定量地估算能源结构调整的经济效益。

将煤炭、石油、天然气价格根据美国能源信息署（EIA）的预测数据折算每吨标准煤的价格。非化石能源主要包括水电、核电、风电，非化石能源的价格根据 Lin 和 Li 基于学习曲线的进行预测得出。经过计算得出 2030 年煤炭、石油、天然气、非化石能源的消费成本（元/吨标准煤）分别为 891、2279、2283、1907。

在碳排放的约束下，由上文可知，中国能源结构发生了变化，即各类能源的消费权重将要改变。根据各类能源的价格及其消费权重，可以分别算出在有无碳排放峰值约束下的能源综合价格，通过对比求出在 2030 年碳排放峰值的约束下我国能源消费的价格变动率。

根据表 7－9 中的数据可以算出：在没有碳排放约束的情况下，能源综合价格为 1428.290 元/吨标准煤；在有碳排放约束的情况下，能源综合价格上升到了 1533.762 元/吨标准煤，上升幅度为 7.384%。

表 7－9　　　　　　　　能源价格与消费权重

| 能源品种 | 能源价格（元/吨标准煤） | 无约束消费权重 | 有约束消费权重 |
| --- | --- | --- | --- |
| 煤炭 | 891 | 0.5712 | 0.4826 |
| 石油 | 2279 | 0.1512 | 0.1511 |
| 天然气 | 2283 | 0.1207 | 0.1619 |
| 非化石能源 | 1907 | 0.1569 | 0.2044 |

通过以上三组面板数据回归分析，得出结论：能源价格每提高 1%，整个工业行业的增加值将减少 0.3916%，能源密集型行业的工业增加值将减少 1.0075%，非能源密集型行业的工业增加值将减少 0.3277%。结合本书测算出的 2030 年能源价格变动率，可以得出，在碳排放的约束下，各类行业工业增加值受到的影响。

根据表 7－10 可知，在 2030 年碳排放达到峰值的约束下，各行业将要面临能源成本提高 7.384% 的处境，整个工业行业的增加值将会降低 2.892%。高能耗的能源密集型行业受到更大的影响，该行业的工业增加值将会相较于无碳排放约束减少 7.439%。众多高科技行业的能源密集型行业，其受到能源成本提高的影响较小，该行业的工业增加值将下降 2.420%。这些数据表明了能源成本提高对各行业影响的差异性，长期依赖能源投入的行业受到较大的影响,而这些行业也正是高碳排放行业;而高科技类行业受到的影响较小,这些行业依靠先进的生产技术,不断推动行业的发展。

表7-10　　　　　　　各类行业工业增加值受到的影响　　　　　　单位:%

|  | 能源价格影响系数 | 能源价格变动 | 工业增加值变动 |
| --- | --- | --- | --- |
| 全部工业行业 | -0.3916 | 7.384 | -2.892 |
| 能源密集型行业 | -1.0075 | 7.384 | -7.439 |
| 非能源密集型行业 | -0.3277 | 7.384 | -2.420 |

# 第8章

# 能源结构调整与中国在石油等国际能源市场的定价权研究

在环境污染日益严重的背景下,中国能源结构调整成为必然。其中,长期以来对煤炭的过度倚重导致碳减排压力和环境污染压力不断加大。此外,随着中国城市化和工业化进程的逐步推进,能源需求总量的飙升在短期内是不可逆转的。中国这一能源需求大国对国际能源市场的影响力不断凸显,争夺国际能源市场定价权也就成为中国长期而不可忽视的战略课题。鉴于能源品种的多样性和石油在中国能源结构中的关键角色,我们选取石油市场作为考察对象。从国际石油的定价机理出发,考察驱动石油价格各种内生性因素,分析中国在国际石油市场的定价权大小,以及中国如何提升在石油等国际能源市场的话语权。这不但决定了中国能源安全,甚至会影响到经济安全和社会稳定。因此,本书以上海燃料油与NYMEX取暖油期货价格之间的引导关系为例,考察中国在国际能源市场的定价权大小。

## 8.1 国际石油市场的价格形成机理

国际石油价格的形成一直以来都备受关注,也是大国之间博弈的主要场所。国际油价的形成具有其特殊性,它既不是简单地由供需双方买卖形成,也不是由双方签订长期购货合同形成。国际油价的形成通常是在双方

## 第8章 能源结构调整与中国在石油等国际能源市场的定价权研究

签订供货合同的时候,参照一个基准的国际原油价格,不同国家、不同地区所选的基准原油不同,其价格也会不同,而基准价格的确定既与现货市场有关,也与全球几大期货市场的价格形成体系密切相关。

国际油价的确定通常是运用公式定价法,即先通过选择特定的基准油作为参考,并以此确定其基准价格,然后再根据市场风险等情况,加上一个溢价而形成,其通常采用的公式为式(8.1):

$$原油结算价格 = 基准油价 + 升贴水 \qquad (8.1)$$

通常而言,交易时所选用的基准价有三种参照系:第一种是与现货市场挂钩;第二种是与官方价格挂钩;第三种也即国际上通用的是与全球几大国际原油期货价格挂钩。

与现货市场挂钩的定价方式主要选取两种价格,第一种是与现货市场实际成交价格挂钩,全球最知名的五大石油现货市场包括西北欧ARA、地中海、美国海湾及纽约港、加勒比、新加坡等。还有一种则是参考特定机构的价格,这些机构通常选用一揽子基准原油作为参照,再根据市场风险溢价状况确定一个升贴水。这些研究机构通常是国际知名的原油研究机构的报价,如普氏报价、RIM报价、路透社报价以及香港东南亚石油新闻有限公司的报价等,具体要根据交易双方的地区和交易习惯和交易品种而定。

第二种参照官方定价的方式,其主要是综合出口国公布的官方报价来确定。比如中国通常是采用布伦特(Brent)、迪拜(Dubai)和米纳斯(Minas)三地原油价格作为基准,而不是选取英美价格作为基准。这些基准价格通常都是一些大的石油生产商或者交易所根据市场状况确定的,具有风向标意义。

而在国际石油价格确定过程中扮演最为重要角色的是期货市场,它已经成为国际原油价格波动的风向标。不同地区的原油价格交易通常选取不同的期货市场价格作为参照。例如,美国石油生产商和交易商在确定基准价格时,通常都是选用轻质低硫的WTI作为其参照的基准价格。鉴于美国在全球经济和石油市场巨大的影响力,该石油品种也因此而成为全球商品期货品种交易最活跃、最受关注的期货品种。但西欧、地中海国家以及非洲等地区则不同，它们通常是选用伦敦国际石油交易所（IPE）的布伦特原油期货合约为基准。尽管伦敦国际石油交易所已经被洲际交易所（Intercontinental Exchange，Inc.）收购，但它仍然是全球最具影响力的期货交易品种之一。而中东的石油生产大国则不同，它们在交易时通常是选取本地区的期货交易品种，其中最具影响力的是以阿联酋的迪拜原油作为基准价格。

纽约商品交易所是目前世界上最大的商品期货交易所，在 NYMEX 的期货合约中，该交易所推出了全球第一个原油期货合约，其主要交易标的是美国著名的西德克萨斯中质原油，因此也被称为西德克萨斯中质原油期货合约。西德州中质原油（WTI）期货合约是目前世界上商品期货中交投最活跃、交易量最大的期货品种之一。该期货合约与英国布伦特（BRENT）原油、中东原油是全球三大基准原油，其价格已成为全球原油现货贸易的主要风向标。在美国及南美的石油交易通常以该期货合约作为参考。

英国伦敦洲际交易所（ICE）的前身是伦敦国际石油交易所。作为欧洲最主要的能源期货和期权的交易场所，其建立的全球最主要的三大基准原油之一的布伦特原油期货合约，已经在全球取得巨大的影响力，也是该交易所交易最为活跃的合约。英国伦敦洲际交易所也因此成为全球最重要的原油期货交易中心，而布伦特原油期货也自然成为全球三大基准价格参考之一。欧洲交易的多数原油产品，其基价格基本上都是参考布伦特原油作为其定价基础。

作为全球主要的产油地区，中东地区的原油交易，其基准油选择通常参考本地区的阿曼和迪拜原油价格作为基准价格。但由于该原油价格交易量日渐萎缩，其作为基准价格的作用日渐下降。而中国由于对中东原油依赖较重，也因此衍生出"亚洲溢价"等问题，即中东出口到欧美的原油价格相对于出口到中国、韩国和日本等东北亚国家原油价格每一桶原油要高2美元左右，也成为东北亚国家不满的来源。因此，建立东北亚自己的原油期货市场成为自然的选择，这也是东北亚尤其是中国争夺原油定价权的重要支撑。随着中国在全球原油市场需求的大增，以上海期货交易所为代表的新兴市场国家期货市场日益成为全球原油交易重要的参考标准之一。

亚太地区比较有影响力的是日本东京工业品交易所（TOCOM）、新加坡交易所（SGX）、印度孟买大宗商品交易所（MCX）和上海期货交易所。其中，新加坡交易所（SGX）所推出的燃料油、中东原油期货交易并不成功，但该交易所的石油现货贸易以及场外石油衍生品交易却较为成功。亚太主要国家的石油交易通常是参考普氏公司在新加坡的报价作为参考定价，目前在亚太石油交易中处于较为领先的地位。

## 8.2 中国与国际石油市场期货价格的引导关系

近年来，以中国、新加坡、印度、阿联酋等需求和生产大国为代表的亚洲及中东国家都在积极筹建基于本国的石油期货市场，以谋取在全球石油期货及定价市场取得定价权。作为建立中国石油期货市场的有益尝试，上海燃料油期货市场已经建立。这一交易品种的推出，对中国争夺燃料油产品定价，摆脱外国贸易商的压榨，具有重要的现实意义。本书以上海燃料油这一具有代表意义的能源期货品种为研究对象，考察上海燃料油市场与美国 NYMEX 的取暖油（Heating Oil）期货合约价格之间的引导关系。分析中国在国际燃料油市场的价格决定中是否具有影响力，为中国如何进一步提升定价权提供参考。

上海燃料油期货品种从 2004 年上市以来，已成为国内最为市场化的能源品种。当前，燃料油的市场价格已经基本实现市场化交易，国内价格与国际价格已经实现接轨。随着中国在国际石油市场需求大增，中国如何借助原油期货品种的开放，提升自身在国际原油市场的影响力和话语权，不但关系到中国的能源安全，而且事关经济安全和国家安全。在上海燃料油期货品种开发之前，亚洲的燃料油的定价权主要在新加坡，中国进口的燃料油价格通常是参考新加坡普氏报价的基础上加升贴水的方法确定的。这一价格的主要短板在于，该价格的确定主要参考的是新加坡的燃料油供需情况，但这一价格标准却决定着中国进口燃料油的价格，中国的燃料油交易贸易商只能被动接受价格，在产业链上没有话语权，自身的利益难以确保，还经常遭到外国贸易商的压榨。因此，上海期货交易所推出燃料油期货合约，既有利于中国摆脱在燃料油定价方面的弱势地位，还有利于增强自身对国际燃料油价格的影响力。

2016年中国燃料油进口高达1162万吨，占国内燃料油消费总量的41.8%。由于中国建立了具有国际影响力的燃料油期货市场，每年为此可节省上亿美元的额外成本。因此，研究这一市场与国际燃料油期货合约价格的互动关系，具有重要的现实意义。国内上市燃料油期货标的物是指特定类型的部分重油，是原油提炼过程中后期的产品，纽约交易所上市的能源产品中与其关联度最高的要属于取暖油期货合约。本书以上海燃料油期货合约价格与全球最大的能源交易所美国NYMEX的四种期货合约价格为研究对象，考察其相互间的引导关系。

本书所考察的上海燃料油期货合约价格来自Wind资讯的数据，数据以月为单位，而NYMEX的WTI四种期货合约价格来自美国能源信息署网站的月度数据。我们用SHF、RCLC1、RCLC2、RCLC3和RCLC4分别代表上海燃料油期货合约价格和NYMEX四种期货合约的价格。

为了考察上海燃料油期货交易价格与NYMEX四种合约价格的基本关系，我们先计算SHF与RCLC1、RCLC2、RCLC3和RCLC4之间的相关系数，为后续的研究奠定基础。

表8-1 上海燃料油与WTI四种取暖油期货合约价格的相关系数

| 变量 | SHF | RCLC1 | RCLC2 | RCLC3 | RCLC4 |
| --- | --- | --- | --- | --- | --- |
| SHF | 1 | 0.837631 | 0.848018 | 0.856415 | 0.863366 |
| RCLC1 | 0.837631 | 1 | 0.999117 | 0.997461 | 0.99549 |
| RCLC2 | 0.848018 | 0.999117 | 1 | 0.99953 | 0.998422 |
| RCLC3 | 0.856415 | 0.997461 | 0.99953 | 1 | 0.999659 |
| RCLC4 | 0.863366 | 0.99549 | 0.998422 | 0.999659 | 1 |

第8章 能源结构调整与中国在石油等国际能源市场的定价权研究

从表8-1的数据可以看出，上海燃料油期货合约价格与NYMEX四个期货合约价格间的相关性较高，介于0.838~0.863，表明上海燃料油期货价格与NYMEX期货合约价格具有同方向波动的特征。在一定程度上表明中国定价已经逐步形成，上海已经取代新加坡成为一些期货品种的定价中心。

为了进一步考察数据的平稳性，本书首先运用ADF（augment dickey-fuller）统计量检验SHF和RCLC1、RCLC2、RCLC3和RCLC4数据序列的平稳性。由于原序列明显带有趋势项和截距项，因此在进行单位根检验时，选择具有趋势项和截距项的选项。研究表明，原序列都没有通过单位根检验。但通过差分，五个序列的一阶差分已没有截距项和趋势项，且都通过了单位根检验，表明所有变量的一阶差分序列都是平稳的，是服从一阶单整的数据序列（如表8-2所示）。

表8-2　　上海燃料油、WTI取暖油合约单位根检验结果

| 变量 | ADF统计量 | 临界值（1%） | 临界值（5%） | 临界值（10%） | D-W值 |
| --- | --- | --- | --- | --- | --- |
| RCLC1 | -2.620675 | -3.474874 | -2.880987 | -2.577219 | 2.075260 |
| DRCLC1 | -8.548362*** | -2.580681 | -1.942996 | -1.615279 | 2.038671 |
| RCLC2 | -2.594395 | -3.474874 | -2.880987 | -2.577219 | 2.058260 |
| DRCLC2 | -8.479468*** | -2.580681 | -1.942996 | -1.615279 | 2.025324 |
| RCLC3 | -2.590717 | -3.474874 | -2.880987 | -2.577219 | 2.050008 |
| DRCLC3 | -8.457407*** | -2.580681 | -1.942996 | -1.615279 | 2.018885 |
| RCLC4 | -2.594411 | -3.474874 | -2.880987 | -2.577219 | 2.047040 |
| DRCLC4 | -8.44704*** | -2.580681 | -1.942996 | -1.615279 | 2.017103 |
| Shf | -2.803623 | -3.474874 | -2.880987 | -2.577219 | 1.93208 |
| DShf | -9.289745*** | -2.580681 | -1.942996 | -1.615279 | 1.944829 |

注：***代表在1%的显著水平上拒绝原假设。

基于时间序列服从一阶单整的特征，不能用传统回归分析方法进行估计和检验。本书选用协整性方法来进行估计和检验两变量间的长期均衡关

系，主要有 E-G 两步法和 Johansen 协整方法。本部分采用 E-G 两步法来考察它们之间的关系。计算结果如下：

$$SHF = 1.354661136 + 1.41940158 \times RCLC1 \quad (8.2)$$

$$SHF = 1.369525131 + 1.278568416 \times RCLC2 \quad (8.3)$$

$$SHF = 1.377065297 + 1.215387276 \times RCLC3 \quad (8.4)$$

$$SHF = 1.377109634 + 1.221215685 \times RCLC4 \quad (8.5)$$

对考察回归方程估计残差序列 e 的取值并对序列 e 做单位根检验，ADF 检验结果见表 8-3。

表 8-3　WTI 期货合约 1 至合约 4 回归方程残差 e 的 ADF 检验

| RCLC1 回归方程残差 e 的 ADF 检验 ||||  RCLC2 回归方程残差 e 的 ADF 检验 ||||
|---|---|---|---|---|---|---|---|
| ADF 检验 | -2.897 | 1%临界值 | -2.580574 | ADF 检验 | -2.771 | 1%临界值 | -2.580574 |
|  |  | 5%临界值 | -1.942982 |  |  | 5%临界值 | -1.942982 |
|  |  | 10%临界值 | -1.615289 |  |  | 10%临界值 | -1.615289 |
| RCLC3 回归方程残差 e 的 ADF 检验 ||||  RCLC4 回归方程残差 e 的 ADF 检验 ||||
| ADF 检验 | -2.713 | 1%临界值 | -2.580574 | ADF 检验 | -2.694 | 1%临界值 | -2.580574 |
|  |  | 5%临界值 | -1.942982 |  |  | 5%临界值 | -1.942982 |
|  |  | 10%临界值 | -1.615289 |  |  | 10%临界值 | -1.615289 |

计算结果表明，四个期货合约的协整方程的残差都通过了显著性检验，表明现货价格 DSHF 和 4 种期货合约的价格 RCLC1、RCLC2、RCLC3 以及 RCLC4 之间都存在长期稳定的均衡关系。DWTI 与 RCLC1、RCLC2、RCLC3 和 RCLC4 之间都是正相关的关系，符合经验预测的一般逻辑。而 RCLC1、RCLC2、RCLC3 和 RCLC4 的误差修正项的系数分别为 -2.897、-2.771、-2.713 和 -2.694，这说明当系统偏离均衡状态时，都会逐步回复到均衡状态。

为了进一步考察上海燃料油与 NYMEX 四种期货合约价格之间的关系，我们考察它们之间的格兰杰因果关系，计算结果见表 8-4。研究表明，在 1% 的显著水平上，DSHF 期货合约价格是 RCLC1、RCLC2、RCLC3 和

RCLC4 期货合约价格波动的 Granger 原因。但 RCLC1、RCLC2、RCLC3 和 RCLC4 却不是 DSHF 的 Granger 原因。这表明上海燃料油期货合约价格对 NYMEX 四种期货合约价格具有单向的影响，说明中国燃料油期货合约价格对国际市场的影响较大，中国在燃料油市场的定价权已经初步确立。

表 8-4　　上海燃料油与 WTI 期货合约价格 Granger 因果检验结果

| 零假设 | 观测值 | F 值 | P 值 |
| --- | --- | --- | --- |
| RCLC1 不是 SHF 的格兰杰原因 | 148 | 1.10512 | 0.3340 |
| SHF 不是 RCLC1 的格兰杰原因 |  | 8.20828 | 0.0004*** |
| RCLC2 不是 SHF 的格兰杰原因 | 148 | 1.09044 | 0.3388 |
| SHF 不是 RCLC2 的格兰杰原因 |  | 7.39074 | 0.0009*** |
| RCLC3 不是 SHF 的格兰杰原因 | 148 | 1.08904 | 0.3393 |
| SHF 不是 RCLC3 的格兰杰原因 |  | 7.03704 | 0.0012*** |
| RCLC4 不是 SHF 的格兰杰原因 | 148 | 1.10513 | 0.3340 |
| SHF 不是 RCLC4 的格兰杰原因 |  | 6.94232 | 0.0013*** |

注：*** 表示在 1% 的显著水平上拒绝零假设。

脉冲响应函数可以衡量随机扰动项一个标准差的冲击对内生变量即期和远期取值的影响。图 8-1～图 8-4 为脉冲响应图，其中横轴代表滞后期，纵轴表示变量对一个标准差新息冲击的响应程度。

如图 8-1～图 8-4 所示，上海燃料油期货合约价格对来自 NYMEX 期货市场四种期货合约价格的新息冲击在第一期没有反应，随即稍有上升，随后不断衰减直至消失。

而四种期货价格对来自上海燃料油期货合约价格的新息冲击在第一期就有强烈的反应，此后不断上升，表明上海燃料油期货合约价格对 NYMEX 期货市场四种期货合约价格有显著的影响。而 NYMEX 期货市场四种期货合约价格所产生的反向影响较弱，表明在燃料油期货市场，上海燃料油期货合约价格在价格决定中的影响力较强，而 NYMEX 期货市场四种期货合约价格影响力却在不断下降。

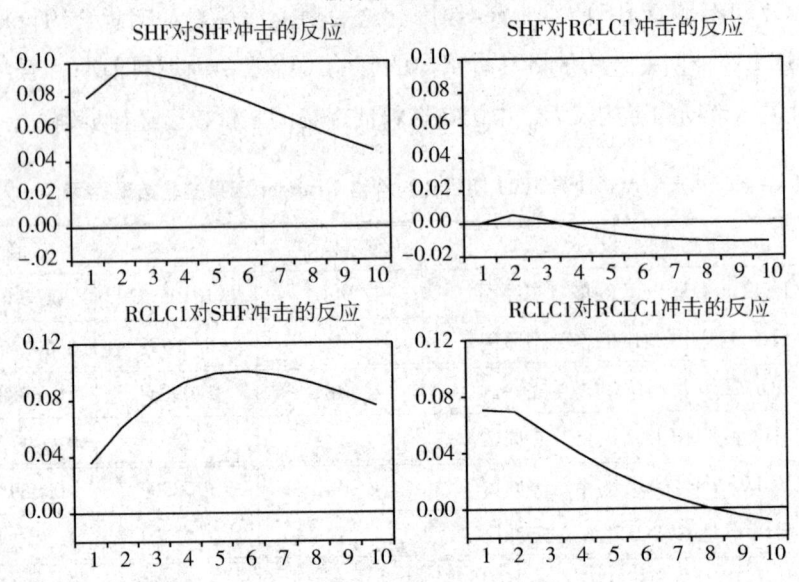

图 8-1　上海燃料油与 WTI 期货合约 1 的脉冲响应图

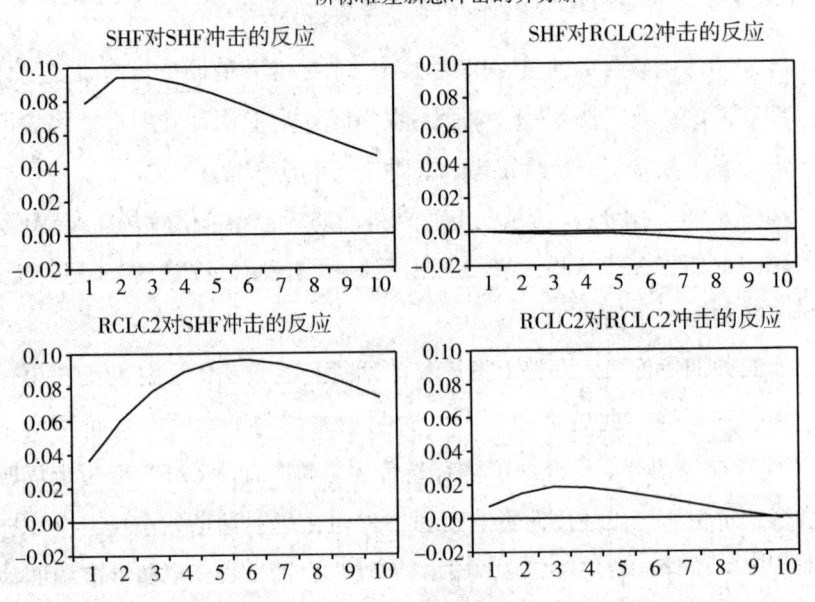

图 8-2　上海燃料油与 WTI 期货合约 2 的脉冲响应图

# 第 8 章 能源结构调整与中国在石油等国际能源市场的定价权研究

一阶标准差新息冲击的乔分解

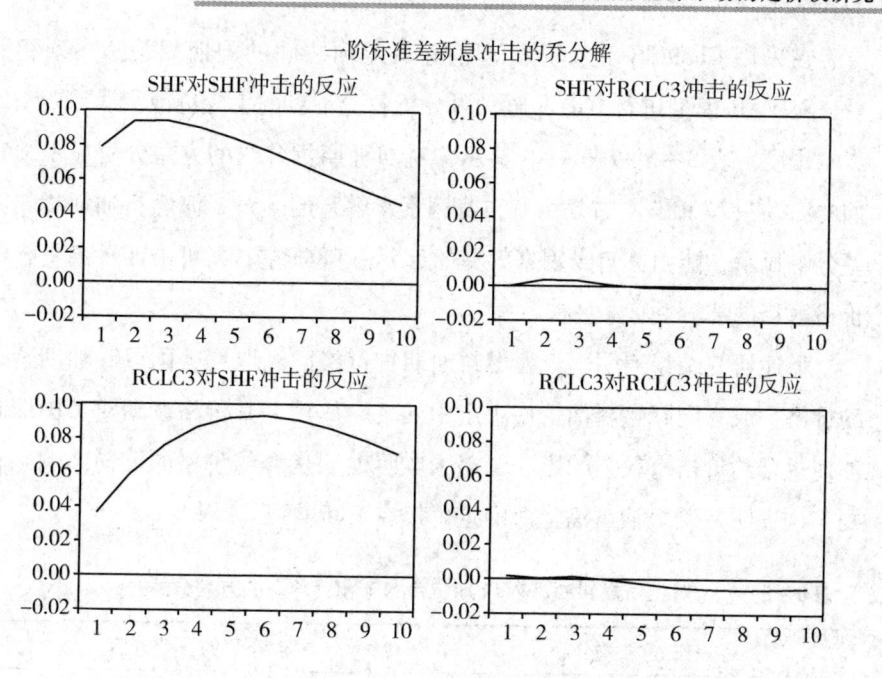

图 8-3 上海燃料油与 WTI 期货合约 3 的脉冲响应图

一阶标准差新息冲击的乔分解

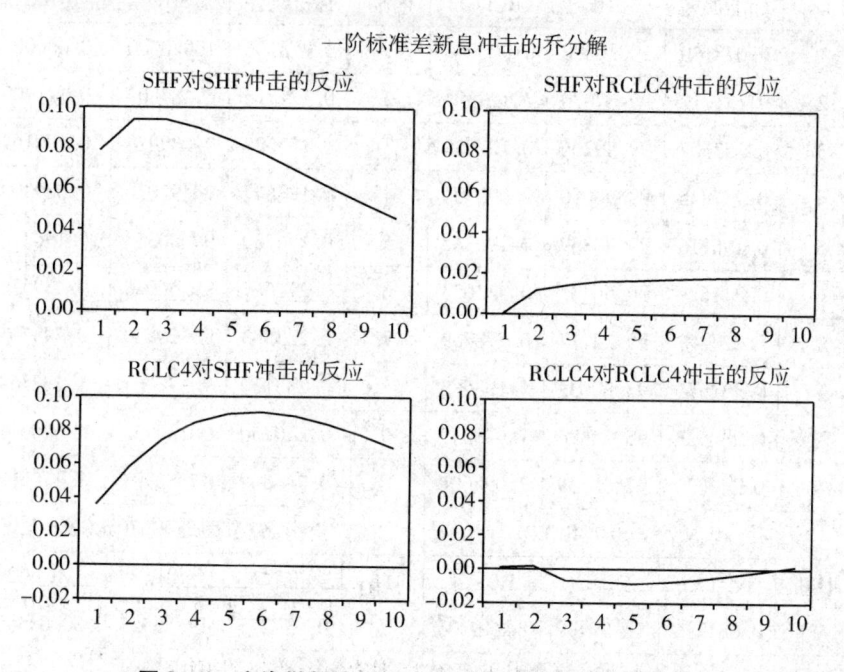

图 8-4 上海燃料油与 WTI 期货合约 4 的脉冲响应图

在采用 Cholesky 正交化处理消除残差项之间的同期相关和序列相关后，对 VAR 模型进行方差分解，以分析各变量对内生变量预测误差变动的影响程度。表 8-5 和表 8-6 显示，对四种期货合约的方差分解显示，它们的波动只有 30% 左右是由其自身因素来解释的。对上海燃料油期货的方差分解显示，能由其自身因素解释的部分占 98% 左右，可由四种期货合约价格解释的部分为 2% 左右。

上述研究结果表明，上海燃料油期货价格已经取代美国取暖油期货合约价格，成为国际燃料油价格决定中的主导作用，其价格波动对美国取暖油期货合约价格有较强的影响，美国取暖油期货合约价格的反向影响则较弱，这表明在燃料油市场上海的定价权在不断增强。

表 8-5　对上海燃料油、WTI 期货合约 1 和合约 2 的方差分解

| 对 SHF 的方差分解 对 RCLC1 的方差分解 ||||  对 SHF 的方差分解 对 RCLC2 的方差分解 ||||
|---|---|---|---|---|---|---|---|
| 时期 | 标准误差 | SHF | RCLC1 | 时期 | 标准误差 | SHF | RCLC2 |
| 1 | 0.078130 | 100.0000 | 0.000000 | 1 | 0.078138 | 100.0000 | 0.000000 |
| 2 | 0.121712 | 99.87070 | 0.129303 | 2 | 0.121716 | 99.87809 | 0.121909 |
| 3 | 0.153607 | 99.89206 | 0.107939 | 3 | 0.153608 | 99.89984 | 0.100164 |
| 4 | 0.177845 | 99.90650 | 0.093504 | 4 | 0.177847 | 99.91070 | 0.089302 |
| 5 | 0.196716 | 99.80369 | 0.196312 | 5 | 0.196730 | 99.80353 | 0.196472 |
| 6 | 0.211627 | 99.56638 | 0.433623 | 6 | 0.211667 | 99.56046 | 0.439539 |
| 7 | 0.223497 | 99.22124 | 0.778759 | 7 | 0.223583 | 99.20630 | 0.793705 |
| 8 | 0.232971 | 98.80632 | 1.193683 | 8 | 0.233120 | 98.77764 | 1.222364 |
| 9 | 0.240523 | 98.35696 | 1.643040 | 9 | 0.240750 | 98.30933 | 1.690671 |
| 10 | 0.246523 | 97.90139 | 2.098608 | 10 | 0.246840 | 97.82991 | 2.170093 |
| 乔分解顺序：SHF RCLC1 ||||  乔分解顺序：SHF RCLC2 ||||
| 时期 | 标准误差 | SHF | RCLC1 | 时期 | 标准误差 | SHF | RCLC2 |
| 1 | 0.081715 | 15.89192 | 84.10808 | 1 | 0.077255 | 19.36555 | 80.63445 |
| 2 | 0.130194 | 25.33835 | 74.66165 | 2 | 0.123896 | 28.84968 | 71.15032 |

## 第8章  能源结构调整与中国在石油等国际能源市场的定价权研究

续表

| 乔分解顺序：SHF RCLC1 | | | | 乔分解顺序：SHF RCLC2 | | | |
|---|---|---|---|---|---|---|---|
| 时期 | 标准误差 | SHF | RCLC1 | 时期 | 标准误差 | SHF | RCLC2 |
| 3 | 0.165378 | 33.93989 | 66.06011 | 3 | 0.158065 | 37.18376 | 62.81624 |
| 4 | 0.191821 | 41.60083 | 58.39917 | 4 | 0.183864 | 44.47727 | 55.52273 |
| 5 | 0.212502 | 48.20977 | 51.79023 | 5 | 0.204057 | 50.72375 | 49.27625 |
| 6 | 0.229230 | 53.73039 | 46.26961 | 6 | 0.220364 | 55.93648 | 44.06352 |
| 7 | 0.243074 | 58.21196 | 41.78804 | 7 | 0.233827 | 60.17975 | 39.82025 |
| 8 | 0.254676 | 61.76302 | 38.23698 | 8 | 0.245089 | 63.55800 | 36.44200 |
| 9 | 0.264445 | 64.51959 | 35.48041 | 9 | 0.254565 | 66.19494 | 33.80506 |
| 10 | 0.272667 | 66.62114 | 33.37886 | 10 | 0.262544 | 68.21619 | 31.78381 |

表 8-6  对上海燃料油、WTI 期货合约 3 和合约 4 的方差分解

| 对 SHF 的方差分解 | | | | 对 SHF 的方差分解 | | | |
|---|---|---|---|---|---|---|---|
| 对 RCLC3 的方差分解 | | | | 对 RCLC4 的方差分解 | | | |
| 时期 | 标准误差 | SHF | RCLC3 | 时期 | 标准误差 | SHF | RCLC4 |
| 1 | 0.078138 | 100.0000 | 0.000000 | 1 | 0.078130 | 100.0000 | 0.000000 |
| 2 | 0.121708 | 99.87997 | 0.120027 | 2 | 0.121688 | 99.87259 | 0.127413 |
| 3 | 0.153611 | 99.90244 | 0.097562 | 3 | 0.153621 | 99.89490 | 0.105100 |
| 4 | 0.177886 | 99.91152 | 0.088484 | 4 | 0.177960 | 99.90783 | 0.092172 |
| 5 | 0.196824 | 99.80130 | 0.198697 | 5 | 0.196985 | 99.80309 | 0.196913 |
| 6 | 0.211831 | 99.55463 | 0.445366 | 6 | 0.212090 | 99.56289 | 0.437113 |
| 7 | 0.223825 | 99.19626 | 0.803737 | 7 | 0.224182 | 99.21176 | 0.788243 |
| 8 | 0.233444 | 98.76248 | 1.237525 | 8 | 0.233892 | 98.78570 | 1.214296 |
| 9 | 0.241157 | 98.28785 | 1.712151 | 9 | 0.241685 | 98.31897 | 1.681028 |
| 10 | 0.247325 | 97.80083 | 2.199174 | 10 | 0.247922 | 97.83968 | 2.160320 |
| 乔分解顺序：SHF RCLC3 | | | | 乔分解顺序：SHF RCLC4 | | | |
| 时期 | 标准误差 | SHF | RCLC3 | 时期 | 标准误差 | SHF | RCLC4 |
| 1 | 0.074314 | 21.43673 | 78.56327 | 1 | 0.072051 | 22.56465 | 77.43535 |

续表

| 乔分解顺序: SHF RCLC3 ||||  乔分解顺序: SHF RCLC4 ||||
| 时期 | 标准误差 | SHF | RCLC3 | 时期 | 标准误差 | SHF | RCLC4 |
| --- | --- | --- | --- | --- | --- | --- | --- |
| 2 | 0.119366 | 30.89932 | 69.10068 | 2 | 0.115702 | 32.00534 | 67.99466 |
| 3 | 0.152480 | 39.14901 | 60.85099 | 3 | 0.147845 | 40.29139 | 59.70861 |
| 4 | 0.177575 | 46.33478 | 53.66522 | 4 | 0.172306 | 47.52288 | 52.47712 |
| 5 | 0.197286 | 52.46827 | 47.53173 | 5 | 0.191624 | 53.68675 | 46.31325 |
| 6 | 0.213250 | 57.57408 | 42.42592 | 6 | 0.207356 | 58.80148 | 41.19852 |
| 7 | 0.226461 | 61.72288 | 38.27712 | 7 | 0.220437 | 62.94088 | 37.05912 |
| 8 | 0.237533 | 65.02145 | 34.97855 | 8 | 0.231441 | 66.21780 | 33.78220 |
| 9 | 0.246865 | 67.59316 | 32.40584 | 9 | 0.240742 | 68.76181 | 31.23859 |
| 10 | 0.254736 | 69.56185 | 30.43815 | 10 | 0.248603 | 70.69995 | 29.30005 |

## 8.3 基本结论

为考察中国已上市的燃料油期货品种与国际燃料油期货市场的价格互动机制，以分析中国燃料油价格对国际燃料油价格影响力的强弱，即"中国因素"在国际燃料油市场话语权的大小。本书以 NYMEX 四种取暖油期货合约价格和上海燃料油期货合约价格为研究对象，考察了两大市场燃料油价格之间的动态关系。主要结论有几点。

第一，从相关系数来看，上海燃料油期货合约价格与 NYMEX 的四种取暖油期货合约价格的相关系数很高，表明两者间的价格波动方向相同。这在客观上形成了一个"中国定价"，对新加坡价格形成了牵制。

第二，从协整检验结果来看，上海燃料油期货合约价格与 NYMEX 的四种取暖油期货合约价格之间存在长期稳定的均衡关系，一种期货合约价格的变动会导致对方价格的同方向运动，两种价格之间具有较强的互动关系。

第三，从格兰杰因果检验的结果看，上海燃料油期货合约和四种取暖油期货合约价格之间存在单向的因果关系，前者引导后者，而反向的影响较弱。

第四，对上海燃料油期货合约价格与美国四种取暖油期货合约价格的脉冲响应分析和方差分解发现，前者对后者的影响力相对较大，而反向的影响较小。上海燃料油期货合约价格决定中可由自身因素解释的部分占98%左右，而由 NYMEX 的四种取暖油期货合约价格解释的仅占2%左右。对 NYMEX 的四种取暖油期货合约的方差分解研究结果表明，可由其自身解释的部分大约占30%左右，剩余部分可由上海燃料油期货合约价格解释。表明在国际燃料油价格的决定因素中，上海燃料油期货合约价格起引导作用，NYMEX 的四种取暖油期货合约价格的影响力已经由上海燃料油替代，中国在燃料油市场的定价权地位逐步得以巩固。

研究结果表明，上海燃料油与美国的燃料油价格波动的相关性较强。"中国因素"对国际燃料油价格的影响力日渐上升，这对新加坡燃料油市场是一种牵制，会有效遏制国外贸易商对我国进口燃料油的压榨。因此，中国燃料油期货交易品种的上市，对中国增强在国际燃料油市场的话语权，提高我国国民福利，发展和完善石油和成品油期货市场都具有重要的启示意义。上海燃料油已经取代 NYMEX 成为全球燃料油市场重要的定价力量。

## *8.4*

### 本章小结

本章首先对国际石油市场的定价机理进行了研究，并对驱动油价波动的因素尝试性地建立了分析框图，以求对影响油价的主要因素及其作用机理有一个更为全面的认识和把握。由于国际石油价格通常是由一个基准价格再加上一个升贴水构成，其中，基准价的确定通常是参考世界几大石油期货交易所的价格。因此，有必要确切的考察国际石油期货价格对石油价格的影响。本章以 NYMEX 的原油现货价格和期货合约价格为例,研究了期货市场在国际石油价格形成过程中的作用,并对上海燃料油与 NYMEX 的取暖油期货合约价格的相互关系进行了实证研究。

对石油价格定价原理的研究结果显示,由于国际市场上原油价格并不单是由供求双方直接决定,供求双方在签订供货合同时,原油定价通常是采用公式定价法,这首先需要确定基准油和基准价,再在此基础上加上一个升贴水。这就给一些地区对某些国家或地区的出口石油价格实行价格歧视奠定了基础,这也是"亚洲溢价"产生的原因之一。因此,调整基准油价和升贴水成为一些原油进口国努力的方向。

对影响油价的相关因素研究表明,国际油价的波动兼具实货市场和金融市场的双重特征,石油市场的供需决定了油价的大致走向,而石油期货市场中金融因素往往会放大这一走势,使得油价的波动更为频繁和剧烈。这就要求中国发展和完善自身的石油期货市场,增强自身在国际石油定价和国际石油市场中的话语权。

对美国 NYMEX 的石油期货价格与现货价格的关系表明,它们之间存在长期稳定的均衡关系,即使在短期内期货价格和现货价格有所偏离,但最终两者的价格会趋于一致,证明美国石油市场是有效市场。格兰杰因果检验的研究结果表明,四种期货合约价格和现货价格之间存在双向的因果关系,它们互为 Granger 因果,这进一步验证了美国石油市场是有效市场的结论。即期货价格和现货价格相互影响,共同决定石油价格。对美国石油市场现货与期货价格脉冲响应函数的分析和方差分解发现,国际石油价格主要取决于现货市场,但期货市场对油价的波动有一定的影响。

对中国已上市的燃料油期货价格与 NYMEX 的取暖油期货价格相互关系研究结果表明,上海燃料油期货合约价格与 NYMEX 的四种取暖油期货合约价格的相关系数很高,表明两者间的价格波动方向相同。这在客观上形成了一个"中国定价",对新加坡价格形成了牵制;协整检验结果表明,上海燃料油期货合约价格与 NYMEX 的四种取暖油期货合约价格之间存在长期稳定的均衡关系;格兰杰因果检验结果显示,上海燃料油期货合约和

NYMEX 的四种取暖油期货合约价格之间存在单向的因果关系,前者引导后者,而反向的影响较弱;对上海燃料油期货合约价格与美国四种取暖油期货合约价格的脉冲响应函数的分析和方差分解发现,前者对后者的影响力相对较大,而反向的影响较小。上海期货交易所的燃料油价格已经成为全球期货市场定价的重要组成部分。

# 第 9 章

# 结论与政策建议

本章将对以上的研究方法、研究内容、研究结论做一个总结。通过对研究结果的判断分析,针对目前我国能源结构和碳减排进程存在的问题提出相关的政策建议。

## 9.1 研究结论

通过理论分析和实证分析相结合的方法,本书研究了在碳排放的约束下,中国能源结构的调整路径,并针对能源结构调整导致各行业企业面临能源成本提高的问题,利用面板数据模型回归分析行业工业增加值受到影响的差异性。本书的研究结论主要有几点。

1. 中国能源市场存在显著的能源市场分割。从整体趋势来看,全国、东部、中部和西部地区的能源市场分割趋势表现为在小幅度震荡过程中逐渐下降。在三大区域中,中部地区的市场分割程度最高,其次是西部地区,东部地区市场分割度最低,但是中部地区的市场整合程度变化大于东部和西部地区。

2. 中国全要素能源效率呈现"W 型"特征。在 2000～2010 年间全国的能源效率水平比较低。但这也说明了我国能源效率的提升空间仍然很大。从 2004 年以来,全国及地区能源效率也表现出逐年提高的趋势。从地

## 第9章　结论与政策建议

区差异看，东部、中部和西部三大区域之间的全要素能源效率呈现出较大的差距。东部地区的全要素能源效率最高，远远高于全国平均水平；位居第二的是中部地区；效率值最低的是西部地区。

3. 降低能源市场分割水平能显著改善全要素能源效率。从模型回归结果来看，可以发现全国、中部和西部地区的市场分割对地区能源效率有着较为显著的正向影响。这是因为部分能效高的地区能源价格也比较高，偏离了均衡价格，导致相对价格方差较大，市场分割度也就比较高。这表明适当提高能源价格，降低能源市场分割可以有效改善能源效率。

4. 中国能源消费结构中降低煤炭占比将是未来一段时间的主要任务和改善环境的主要着力点。本书通过图表分析的方法，研究了我国的能源消费结构现状以及能源结构演变规律。研究发现我国能源结构长期以煤炭为主，1980~2014年间，煤炭消费占总能源消费的平均比重高达72.40%。在中国碳减排相关政策的实施下，近几年煤炭消费比例呈现逐年下降的趋势，而水电、核电等非化石能源的占比逐渐提高。通过与世界主要国家的能源结构作对比，发现发达国家在完成工业化革命之后，能源消费结构中煤炭比例很小，以石油为主，辅之以清洁能源。因此我国的能源结构调整的战略性任务任重而道远，国家需要下达相关的政策措施，以确保能源结构能够顺利朝着可持续发展的方向调整。

5. 碳排放约束下的能源结构中煤炭比例显著低于无约束情形下的煤炭消费占比。本书通过马尔科夫链预测模型，分别求出了我国能源结构在有无碳排放峰值约束情况下的调整路径。实证表明，在没有碳排放的约束下，中国能源结构中的煤炭比例降低速度缓慢，到2030年仍然高达57.12%。但是在国家强制性要求2030年碳排放达到峰值的目标约束下，煤炭占比降低速度加快，到2030年煤炭在总能源消费中占比降到48.26%。在煤炭占比降低的同时，代表非化石能源的水电、核电、风能等清洁能源获得了大力发展，到2030年非化石能源的占比将提高到20.44%。在碳排放的约束下，含碳量高的煤炭被相对清洁的非化石能源替代是大势所趋。

能源结构调整的路径是价格较贵的清洁能源代替廉价的煤炭,能源的综合价格指数将会提高,结果是企业面临能源消费成本的提高。通过实证分析,本书定量地给出了代表能源成本的能源价格变动对工业增加值的影响。实证结果表明,能源综合价格每提高 1%,工业增加值将减少 0.392%。我国是能源消费大国,同时也是能源净进口国。过去几十年,能源消耗支撑着我国的经济高速增长,一旦能源的成本提高,企业的生产成本将会增加。每个企业投入到生产的资金都是有限的,投入到生产技术研发的资金将会减少,从而对企业的产出造成一定的负面影响。

6. 能源结构调整对重工业行业的能源使用成本最大,对不同产业的影响存在显著的异质性。本书将 36 个工业行业划分成了能源密集型行业和非能源密集型行业,分别通过实证分析,发现能源价格的影响系数是不一样的。能源密集型行业主要包括石油和天然气开采业、水的生产和供应业等行业,这些行业的能源消费强度较大,主要依靠大量的能源消费来促进产出,因此其受到的影响也较大。实证分析结果表明,能源综合价格每提高 1%,这些行业的工业增加值将会降低 1.007%。非能源密集型行业主要包括通信设备、计算机及其他业、电气机械及器材制造业等。这些行业集中了高新技术企业,该行业的特点是能源消费总量小且能源消费强度低,因此,能源成本的提高对这些行业造成的影响较小。实证分析结果表明,能源综合价格每提高 1%,该行业的工业增加值将减少 0.328%。综上所述,能源结构调整的经济效应存在行业异质性。

7. 中国在燃料油期货市场已初步获得定价权优势。实证研究结果表明,上海燃料油期货合约价格是 NYMEX 期货合约价格波动的格兰杰原因。上海燃料油价格波动受自身影响较大,而上海燃料油期货合约价格对 NYMEX 燃料油期货合约价格具有重要影响,而反向影响却较弱。这表明,中国已经利用自身的需求和大市场优势逐步取得与市场份额相称的定价权。中国能源期货品种的建立已经成为全球能源产品定价的重要力量。

## 9.2 政策建议

长期以来，煤炭一直主导我国能源消费结构，导致我国的碳排量与日俱增，而实施强制性的碳减排措施，调整能源市场结构和能源消费结构，又会对经济增长造成一定的负面影响。在保证2030年我国碳排放达到峰值的前提下，为了合理地调整能效消费结构，减少能源成本波动对经济发展的影响，本书提出以下几条政策建议。

1. 降低能源市场分割水平，尤其是降低能源市场的垄断程度。这包括所有制垄断、价格垄断等，有助于提升中国能源使用效率，降低环境压力和碳排放压力。降低地方政府和国有企业对中国能源市场的垄断，推进能源价格市场化步伐，不仅有利于能源全要素效率提升，也有利于淘汰落后产能，推动产业结构升级。当然，这也不能完全否定能源价格补贴的积极作用，但能源补贴的设计应该更多强调消费侧改革，对弱势群体实施补贴，补贴的精准化程度也有待提升。

2. 降低煤炭消费比例，大力提升新型能源消费比重，利用碳排放规模优势助推能化共轨和能源合同管理等第三方新兴能源服务业的兴起。在四种主要能源消费品种中，煤炭的消费碳排放系数最高。因此，减少煤炭的消费，将在很大程度上降低我国的碳排放量。为了保证经济发展对能源消费的需求，增加水电、核电、风能、太阳能等清洁能源的使用，以填补煤炭的空缺。能源结构调整是一个循序渐进的过程，不能一下子把煤炭的消费比例大幅度降低，否则将会对煤炭开采业的生产，以及相关产业的就业带来巨大影响，甚至会波动整个国家的经济。

时值国企深化改革，而煤炭行业中的企业大多数是国有企业，同时煤炭行业也属于产能过剩行业，去产能政策与碳减排政策应该搭配实施。降低煤炭消费比例要从源头抓起，即从供给侧改革入手。减缓煤炭开采的进程，这不仅仅是保护资源，更是保护环境。只有减少煤炭的供给，让煤不再低廉，才能促使企业减少对煤炭的消费，而增加对非化石能源的消费比重。

3. 加大对核能等清洁和新能源技术研发的投入。能源结构调整的效应之一是能源消费成本提高。在能源消费品种替代的过程中，正是由于我国的新能源稀缺，新能源生产技术落后，新能源使用效率不高导致新能源的价格昂贵。所以只有加大对新能源领域的研发投入，提高该领域的技术水平，降低单位新能源的成本，才能够推广新能源的使用，众多企业才会接受新能源。国家应该为清洁能源行业引进国外先进技术，帮助国内清洁能源生产企业提高自身的技术水平。比如加强和法国等发达国家在核电方面的合作，引进他们的先进技术，降低核电的生产成本。鼓励国内的核电企业走出海外，通过收购兼并国外的核电企业，提高国内企业的技术水平和管理水平，同时也取得规模经济的效益。

4. 能源价格管制有序放开，大力推动能源价格市场化改革。市场要想在资源配置中起到决定性作用，价格必须是市场化的。只有能源价格市场化，能源成本的传递效应才是有效的，才能真实地反映企业生产成本的变化，能源成本的提高才能起到逼迫企业改进生产技术的作用。如果能源价格不能反映市场信息，就会存在大量僵尸企业，不利于去产能化。能源价格的市场化首先应该从水电、核电、风能等非化石能源开始，因为非化石能源占的比重较小，且该领域涉的科技水平较高。随着非化石能源的比重逐渐上升，推动了我国能源价格市场化的水平。

5. 大力开发新兴能源期货品种，对中国争夺国际能源价格定价权具有重要的意义。随着中国城市化和工业化进程的推进，中国能源需求在未来一段时间内还将呈现高速增长的态势，这一方面加大了中国能源进口成本压力，也大幅提高了中国能源进口的对外依存度。但另一方面，对中国而言也是一种机遇。中国如果利用自身的大需求优势，积极开发新的能源期货品种，不但能降低中国能源进口成本压力，而且还能大幅提升中国在国际能源市场的定价权。

# 参 考 文 献

[1] 巴曙松,吴大义. 能源消费、二氧化碳排放与经济增长——基于二氧化碳减排成本视角的实证分析 [J]. 经济与管理研究, 2010 (6): 5-11.

[2] 白重恩,杜颖娟,陶志刚,仝月婷. 地方保护主义及产业地区集中度的决定因素和变动趋势 [J]. 经济研究, 2004 (4): 29-40.

[3] 查冬兰,周德群. 地区能源效率与二氧化碳排放的差异性——基于 Kaya 因素分解 [J]. 系统工程, 2007, 25 (11): 65-71.

[4] 陈军,徐士元. 技术进步对中国能源效率的影响: 1979~2006 [J]. 科学管理研究, 2008, 26 (1): 9-13.

[5] 陈立波. 灰色马尔科夫法在企业价值评估中的应用 [J]. 统计与决策, 2013 (15): 66-69.

[6] 陈敏,桂琦寒,陆铭,陈钊. 中国经济增长如何持续发挥规模效应——经济开放与国内商品市场分割的实证研究 [J]. 经济学(季刊), 2007, 7 (1): 125-150.

[7] 陈文颖,高鹏飞,何建坤. 用 MARKAL-MACRO 模型研究碳减排对中国能源系统的影响 [J]. 清华大学学报(自然科学版), 2004, 44 (3): 342-346.

[8] 谌莹,张捷. 碳排放峰值与能耗峰值及其影响因素——跨国及中国的实证研究 [J]. 国际贸易问题, 2015 (6): 92-100.

[9] 程覃思. 碳排放峰值目标下的我国能源结构优化问题研究 [D]. 中国社会科学院研究生院, 2015.

[10] 董锋,谭清美,周德群,李晓辉.技术进步对能源效率的影响——基于考虑环境因素的全要素生产率指数和面板计量分析[J].科技政策与管理,2010(6):53-58.

[11] 董利.我国能源效率变化趋势的影响因素分析[J].产业经济研究,2008(1):8-18.

[12] 樊星,马树才,朱连洲.中国碳减排政策的模拟分析——基于中国能源CGE模型的研究[J].生态经济,2013(9):50-54.

[13] 范德成,王韬华,张伟.低碳经济目标下一次能源消费结构影响因素分析[J].资源科学,2012,34(4):696-703.

[14] 范英,张晓兵,朱磊.基于多目标规划的中国二氧化碳减排的宏观经济成本估计[J].气候变化研究进展,2010,6(2):130-135.

[15] 方四平.基于马尔科夫链的企业内部人力资源供给预测[J].北京工业职业技术学院学报,2004,3(4):101-103.

[16] 高铁梅.计量经济分析方法与建模EViews应用及实例[M].北京:清华大学出版社,2006.

[17] 高振宇,王益.我国能源生产率的地区划分及影响因素分析[J].数量经济技术经济研究,2006(9):46-57.

[18] 管卫华,顾朝林,林振山.中国能源消费结构的变动规律研究[J].自然资源学报,2006,21(3):401-407.

[19] 桂琦寒,陈敏,陆铭,陈钊.中国国内商品市场趋于分割还是整合——基于相对价格法的分析[J].世界经济,2006(2):20-30.

[20] 韩晓昕.基于马尔科夫链的我国三次产业贡献率研究[J].合作经济与科技,2009(15):24-25.

[21] 韩智勇,魏一鸣,范英.中国能源强度与经济结构变化特征研究[J].数理统计与管理,2004,23(1):1-6.

[22] 何建武,李善同.节能减排的环境税收政策影响分析[J].数量经济技术经济研究,2009(1):31-44.

[23] 胡宗义,刘亦文.能源要素价格改革对宏观经济影响的CGE分

析［J］. 经济评论, 2010 (2): 5-15.

［24］黄志远, 杨强. 基于马尔科夫模型的能源结构预测分析［J］. 剑南文学: 经典教苑, 2013 (2).

［25］蒋金荷. 中国碳排放量测算及影响因素分析［J］. 资源科学, 2011, 04: 597-604.

［26］李激扬. 中国省际能源效率影响因素的实证分析［J］. 湘潭大学学报（哲学社会科学版）, 2011, 35 (4): 53-57.

［27］李金凯, 沈波, 韩亚峰, 张孟豪. 中国区域能源效率比较——基于 DEA-Malmquist 指数和聚类分析［J］. 北京理工大学学报（社会科学版）, 2012, 14 (6): 1-6.

［28］李景华. 中国产业结构转移的 Markov 链［J］. 数学的实践与认识, 2001, 31 (2): 156-161.

［29］李廉水, 周勇. 技术进步能提高能源效率吗——基于中国工业部门的实证检验［J］. 管理世界, 2006 (10): 82-89.

［30］李世祥, 成金华. 中国主要工业省区能源效率分析: 1990~2006年［J］. 数量经济技术经济研究, 2008 (10): 32-43.

［31］李爽, 曹文敬, 陆彬. 低碳目标约束下我国能源消费结构优化研究［J］. 山西大学学报（哲学社会科学版）, 2015, 38 (4): 108-115.

［32］李相宜, 李秀红, 黄淼. 基于灰色 GM (1, 1) 模型的山东省能源消费及能源消费结构预测［J］. 环境与可持续发展, 2012, 37 (5): 67-72.

［33］李治, 李国平. 中国城市能源效率差异及影响因素研究［M］. 西安: 西安交通大学出版社, 2012.

［34］梁大鹏, 刘天森, 李一军. 基于 LMDI 模型的金砖五国二氧化碳排放成本及其影响因素比较研究［J］. 资源科学, 2015, 37 (12): 2319-2329.

［35］林伯强, 蒋竺均. 中国二氧化碳的环境库兹涅茨曲线预测及影响因素分析［J］. 管理世界, 2009 (4): 27-36.

[36] 林伯强,李江龙. 环境治理约束下的中国能源结构转变——基于煤炭和二氧化碳峰值的分析 [J]. 中国社会科学, 2015 (9): 84-107.

[37] 林伯强,牟敦国. 能源价格对宏观经济的影响——基于可计算一般均衡 (CGE) 的分析 [J]. 经济研究, 2008 (11): 88-101.

[38] 林伯强,姚昕,刘希颖. 节能和碳排放约束下的中国能源结构战略调整 [J]. 中国社会科学, 2010 (1): 58-71.

[39] 林伯强. 高级能源经济学 [M]. 北京: 清华大学出版社, 2014.

[40] 林伯强. 现代能源经济学 [M]. 北京: 中国财政经济出版社, 2007.

[41] 林毅夫,刘培林. 地方保护和市场分割: 从发展战略的角度考察 [D]. 北京大学中国经济研究中心, 2004.

[42] 刘畅,崔艳红. 中国能源消耗强度区域差异的动态关系比较研究 [J]. 中国工业经济, 2008 (4): 34-43.

[43] 刘殿海,杨勇平,杨昆等. 基于马尔科夫链的能源结构与污染物排放预测模型及其应用 [J]. 中国电力, 2006, 39 (3): 8-13.

[44] 刘凤委,于旭辉,李琳. 地方保护能提升公司绩效吗——来自上市公司的经验证据 [J]. 中国工业经济, 2007 (4): 21-28.

[45] 刘红枚,陶全. 大中型工业企业能源密度下降的动因分析 [J]. 统计研究, 2002 (9): 30-34.

[46] 刘小勇,李真. 财政分权与地区市场分割实证研究 [J]. 财经研究, 2008 (2): 66-72.

[47] 刘小勇. 市场分割对经济增长影响效应检验和分解——基于空间面板模型的实证研究 [J]. 经济评论, 2013 (1): 34-41.

[48] 刘小勇. 市场分割能改善地方经济绩效吗 [J]. 山西财经大学学报, 2010, 32 (10): 18-27.

[49] 刘杨,曲如晓,申萌. 不同能源成本约束下的生产技术进步与工业行业增长 [J]. 华东经济管理, 2014 (8): 66-73.

[50] 刘亦文. 能源消费、碳排放与经济增长的可计算一般均衡分析

[D]. 湖南大学，2013.

[51] 柳亚琴，赵国浩. 节能减排约束下中国能源消费结构演变分析 [J]. 经济问题，2015（1）：27-33.

[52] 柳亚琴. 低碳经济约束下中国一次能源消费结构优化研究 [M]. 北京：经济管理出版社，2015.

[53] 陆铭，陈钊，严冀. 收益递增、发展战略与区域经济的分割 [J]. 经济研究，2004（1）：54-63.

[54] 陆铭，陈钊. 分割市场的经济增长——为什么经济开放可能加剧地方保护 [J]. 经济研究，2009（3）：42-52.

[55] 陆铭，陈钊. 论中国区域经济发展的两大因素和两种力量 [J]. 经济研究，2005（4）：27-38.

[56] 陆铭，陈钊. 中国区域经济发展中的市场整合与工业集 [M]. 上海：上海人民出版社，2006.

[57] 陆铭. 经济开放、地区差距与市场分割 [J]. 世界经济研究，2007（2）：78-79.

[58] 马晓微. 中国能源消费结构演进特征 [J]. 中国能源，2008，30（10）：23-27.

[59] 孟军. 能源节约、碳减排与中国经济增长 [D]. 大连：东北财经大学，2013.

[60] 米红. 海峡两岸能源与碳排放研究进展 [M]. 浙江：浙江大学出版社，2014.

[61] 牛东晓，孙伟，赵磊. 基于转移矩阵识别的马尔可夫能源结构预测模型 [J]. 华北电力大学学报（自然科学版），2004，31（3）：59-61.

[62] 平新乔. 政府保护的动机与效果——一个实证分析 [J]. 财贸经济，2004（5）：3-10.

[63] 丘灵，申玉铭，任旺兵. 中国能源利用效率的区域分异与影响因素分析 [J]. 自然资源学报，2008，23（5）：920-927.

[64] 曲剑午. 碳排放约束下的中国煤炭总量控制目标研究 [D]. 北京：中国矿业大学, 2012.

[65] 申萌, 蔡宏波. 能源成本变化对异质性工业行业的影响 [J]. 南京大学学报（哲学·人文科学·社会科学）, 2014, 51 (6): 27-35.

[66] 师博, 沈坤荣. 市场分割下的中国全要素能源效率：基于超效率 DEA 方法的经验研究 [J]. 世界经济, 2008 (9): 49-59.

[67] 石莹, 朱永彬, 王铮. 成本最优与减排约束下中国能源结构演化路径 [J]. 管理科学学报, 2015, 18 (10): 26-37.

[68] 史丹, 吴利学, 傅晓霞, 吴滨. 中国能源效率地区差异及其成因研究——基于随机前沿生产函数的方差分解 [J]. 管理世界, 2008 (2): 35-43.

[69] 史丹, 张金隆. 产业结构变动对能源消费的影响 [J]. 经济理论与经济管理, 2003 (8): 30-32.

[70] 史丹. 中国能源效率的地区差异与节能潜力分析 [J]. 中国工业经济, 2006 (10): 49-58.

[71] 宋辉. 中国能源利用投入产出分析 [M]. 北京：中国市场出版社, 2013.

[72] 孙天晴, 马宪国. 基于马尔可夫转移矩阵的城市能源供应结构预测模型 [J]. 电力与能源, 2007, 28 (6): 311-314.

[73] 王宝森, 王旭智. 期货价格的马尔科夫链改进模型 [J]. 青岛大学学报（自然科学版）, 2009, 22 (3): 59-61.

[74] 王锋, 冯根福. 优化能源结构对实现中国碳强度目标的贡献潜力评估 [J]. 中国工业经济, 2011 (4): 127-137.

[75] 王克亮, 杨宝臣, 杨力. 中国全要素能源效率与能源技术的区域差异 [J]. 科研管理, 2012, 33 (5): 56-63.

[76] 王韶华. 基于低碳经济的我国能源结构优化研究 [D]. 哈尔滨：哈尔滨工程大学, 2013.

[77] 王玉潜. 能源消耗强度变动的因素分析方法及其应用 [J]. 数量

经济技术经济研究, 2003 (8): 151-154.

[78] 魏楚, 沈满洪. 规模效率与配置效率: 一个对中国能源低效的解释 [J]. 世界经济, 2009 (4): 84-96.

[79] 魏楚, 沈满洪. 能源效率及其影响因素: 基于DEA的实证分析 [J]. 管理世界, 2007a (8): 66-76.

[80] 魏楚, 沈满洪. 能源效率与能源生产率: 基于DEA方法的省际数据比较 [J]. 数量经济技术经济研究, 2007b (9): 110-121.

[81] 吴琦, 武春友. 基于DEA的能源效率评价模型研究 [J]. 管理科学, 2009, 22 (1): 103-112.

[82] 吴巧生, 成金华. 中国能源消耗强度变动及因素分解: 1980~2004 [J]. 经济理论与经济管理, 2006 (10): 34-40.

[83] 夏立军, 陆铭, 余为政. 政企纽带与跨省投资——来自中国上市公司的经验证据 [J]. 管理世界, 2011 (7): 128-140.

[84] 谢乃明, 刘思峰. 能源消费总量与结构预测分析——以江苏省为例 [J]. 工业技术经济, 2009, 28 (1): 46-49.

[85] 严冀, 陆铭. 分权与区域经济发展: 面向一个最优分权程度的理论 [J]. 世界经济论坛, 2003 (3): 55-66.

[86] 杨红亮, 史丹, 肖洁. 自然环境因素对能源效率的影响——中国各地区的理论节能潜力和实际节能潜力分析 [J]. 中国工业经济, 2009 (4): 73-84.

[87] 杨骞. 地区行政垄断与区域能源效率——基于2000~2006年省际数据的研究 [J]. 经济评论, 2010 (6): 70-75.

[88] 杨中东. 中国制造业能源效率的影响因素: 经济周期和重化工工业化 [J]. 统计研究, 2010, 27 (10): 33-39.

[89] 银温泉, 才婉茹. 我国地方市场分割的成因和治理 [J]. 经济研究, 2001 (6): 3-12.

[90] 余东华, 王青. 地方保护、区域市场分割与产业技术创新能力——基于2000~2005年中国制造业数据的实证分析 [J]. 中国地质大学

学报（社会科学版），2009（5）：73-78.

[91] 余东华. 地方保护能够提高区域产业竞争力吗 [J]. 产业经济研究，2008（3）：69-78.

[92] 袁晓玲，张宝山，杨万平. 基于环境污染的中国全要素能源效率研究 [J]. 中国工业经济，2009（2）：2-11.

[93] 张浩，王福林，索瑞霞等. 基于马尔可夫模型的我国东、中、西部的产业结构预测 [J]. 数学的实践与认识，2010，40（14）：39-44.

[94] 张军，吴桂英，张吉鹏. 中国省级物质资本存量估算：1952~2001 [J]. 经济研究，2004（10）：35-44.

[95] 张如庆，张二震. 市场分割、FDI 与外资顺差——基于省际数据的分析 [J]. 世界经济研究，2009（2）：3-6.

[96] 张玮，吴文元. 基于环境绩效的长三角都市圈全要素能源效率的研究 [J]. 经济研究，2011（10）：95-109.

[97] 赵柳榕，田立新. 西部能源结构的 Logistic 模型及其预测 [J]. 管理学报，2008，5（5）：13477-13478.

[98] 赵忠秀，王苒，Hinrich Voss，闫云凤. 基于经典环境库兹涅茨模型的中国碳排放拐点预测 [J]. 财贸经济，2013（10）81-88+48.

[99] 郑毓盛，李崇高. 中国地方分割的效率损失 [J]. 中国社会科学，2003（1）：64-72.

[100] 周德群，查冬兰，周鹏. 中国能源效率研究 [M]. 北京：科学出版社，2012.

[101] 周鸿，林凌. 中国工业能耗变动因素分析：1993~2002 [J]. 产业经济研究，2005（5）：13-18.

[102] 周建. 我国区域经济增长与能源利用效率改进的动态演化机制研究——基于省域面板数据协整模型的实证分析 [J]. 数量经济技术经济研究，2008（9）：3-16.

[103] 周鹏，周迅，周德群. 二氧化碳减排成本研究述评 [J]. 管理

评论, 2014, 26 (11): 20-27.

[104] 周勇, 李廉水. 中国能源强度变化的结构与效率因素贡献——基于 AWD 的实证分析 [J]. 产业经济研究, 2006 (4): 68-74.

[105] 朱希伟, 金祥荣, 罗德明. 国内市场分割与中国的出口贸易扩张 [J]. 经济研究, 2005 (12): 68-76.

[106] 朱永彬, 刘昌新, 王铮等. 我国产业结构演变趋势及其减排潜力分析 [J]. 中国软科学, 2013 (2): 35-42.

[107] 邹艳芬, 陆宇海. 基于空间自回归模型的中国能源利用效率区域特征分析 [J]. 统计研究, 2005 (10): 67-71.

[108] Poncet, Sandra. 中国市场正在走向"非一体化"——中国国内和国际市场一体化程度的比较分析 [J]. 世界经济文汇, 2002 (1): 3-17.

[109] Ang, B. W. Decomposition analysis for policymaking in energy: which is the preferred method [J]. Energy Policy, 2004, 32 (9): 1131-1139.

[110] Banker, R. D. Charnes, A. Cooper, W. W. Some Models for Estimating Technical and Scale Inefficiencies in Data Envelopment Analysis [J]. Management Science, 1984, 9 (9): 1078-1092.

[111] Bergman L. Chapter 24 CGE Modeling of Environmental Policy and Resource Management [J]. Handbook of Environmental Economics, 2005, 3 (5): 1273-1306.

[112] Berndt, E. R. Aggregate energy, efficiency and productivity measurement [J]. Annual Review of Energy, 1978 (3): 225-249.

[113] Bhide A, Monroy C R. Energy poverty: A special focus on energy poverty in India and renewable energy technologies [J]. Renewable & Sustainable Energy Reviews, 2011, 15 (2): 1057-1066.

[114] Bosquet B. Environmental tax reform: does it work? A survey of the empirical evidence [J]. Ecological Economics, 2000, 34 (1): 19-32.

[115] Boyd, G. A. and Pang, J. X. Estimating the link between energy efficiency and productivity [J]. Energy Policy, 2000, 28 (5): 289 – 296.

[116] Burniaux J M, Martin J P, Nicoletti G, et al. The Costs of Reducing $CO_2$ Emissions: A Comparison of Carbon Tax Curves with GREEN [J]. Oecd Economics Department Working Papers, 1992.

[117] Charnes, A., Cooper, W. W. and Rhodes, E. Measuring the efficiency of decision-making units [J]. European Journal of Operational Research, 1978, 3 (4): 338 – 339.

[118] Collins, C. Transport Energy Management Policies: Potential in New Zealand [R]. Wellington: Ministry of Commerce, 1992.

[119] Denison, E. F. Why growth rates differ: Post war experience in nine western countries [M]. Washington: Brookings Institution Publishing, 1967.

[120] Dietz T., Rosa E. A. Rethinking the Environmental Impacts of Population, Affluence, and Technology [J]. Human Ecology Review, 1994 (1): 277 – 300.

[121] Ehrlich P R, Holdren J P. Impact of population growth [J]. Science, 1971, 171 (3977): 1212 – 1217.

[122] Ericson R, Pakes A. Markov-Perfect Industry Dynamics: A Framework for Empirical Work [J]. Review of Economic Studies, 1995, 62 (1): 53 – 82.

[123] Fare R, Grosskopf S, Lovell C A K, et al. Derivation of Shadow Prices for Undersirable Outputs: A Distance Function Approach [J]. Review of Economics & Statistics, 1993, 75 (2): 374 – 80.

[124] Farrell, M. J. The Measurement of Productive Efficiency [J]. Journal of the Royal Statistical Society Series A, 1957, 120 (3): 253 – 290.

[125] Fisher-Vanden, K., Jefferson G. H., Liu, H., Tao, Q. What is Driving China's Decline in Energy Intensity [J]. Resource and Energy Economics, 2004 (26) 77 – 97.

[126] Gabriel S A, Whitman P. The National Energy Modeling System: A Large-Scale Energy-Economic Equilibrium Model [J]. Operations Research, 2001, 49 (1): 14 - 25.

[127] Garbaccio, R. E, Ho, M. S. and Jorgenson, D. W. Why has the energy-output ratio fallen in China [J]. Energy Journal, 1999, 20 (3): 63 - 92.

[128] Garbacclo, Richard F, HO, et al. Controlling carbon emissions in China [J]. Environment & Development Economics, 1999, 4 (4): 493 - 518.

[129] Glomsrød S, Vennemo H, Johnsen T. Stabilization of Emissions of $CO_2$: A Computable General Equilibrium Assessment [J]. Scandinavian Journal of Economics, 1992, 94 (1): 53 - 69.

[130] Grossman G, Krueger A B. Environmental Impacts of a North American Free Trade Agreement [C]. Princeton, Woodrow Wilson School-Public and International Affairs, 1991.

[131] Guodong L I, Yamaguchi D, Mizutani K, et al. New Proposal and Accuracy Evaluation of Grey Prediction GM [J]. IEICE Transactions on Fundamentals of Electronics Communications & Computer Sciences, 2007, E90 - A (6): 1188 - 1197.

[132] Hang L, Tu, M. Z. The impacts of energy prices on energy intensity: evidence from China [J]. Energy Policy, 2007, 35 (5): 2978 - 2988.

[133] Hassan M R, Nath B, Kirley M. A fusion model of HMM, ANN and GA for stock market forecasting [J]. Expert Systems with Applications An International Journal, 2007, 33 (1): 171 - 180.

[134] Hiremath R B, Shikha S, Ravindranath N H. Decentralized energy planning: modeling and application a review [J]. Renewable & Sustainable Energy Reviews, 2007, 11 (5): 729 - 752.

[135] Hu, J. L. and Wang, S. C. Total-factor energy efficiency of regions in China [J]. Energy Policy, 2006 (34) 3206 - 3217.

[136] Hu, J. L. and Kao, C. H. Efficient energy-saving targets for APEC e-

conomies [J]. Energy Policy, 2007 (35) 373-382.

[137] International Federation of Institutes for Advanced Study. Energy Analysis Workshop on Methodology and Conventions [R]. IFIAS, Stockholm, 1974, Report No 6.

[138] Jacobsen, H. K. Technology diffusion in energy-economy models, the case of Danish vintage models [J]. The Energy Journal, 2000, 21 (1): 43-72.

[139] Jalil A, Mahmud S F. Environment Kuznets curve for $CO_2$ emissions: A cointegration analysis for China [J]. Energy Policy, 2009, 37 (12): 5167-5172.

[140] Jebaraj S, Iniyan S. A. review of energy models [J]. Renewable & Sustainable Energy Reviews, 2006, 10 (4): 281-311.

[141] Kambara, T. The Energy Situation in China [J]. China Quarterly, 1992 (131): 608-636.

[142] Kuznets S. Economic Growth and Income Inequality [J]. American Economic Review, 1955, 49 (1): 1-22.

[143] Lin B, Li J. Analyzing cost of grid-connection of renewable energy development in China [J]. Renewable & Sustainable Energy Reviews, 2015 (50): 1373-1382.

[144] Lin, X. And Polenske, K. R. Input-Output anatomy of China's energy use change in the 1980s [J]. Economic System Research, 1995, 7 (1): 67-84.

[145] Mar B W, Bakken O A. Applying Classical Control Theory to Energy-Economics Modeling-A Tool to Explain Model Behavior in Response to Varied Policy Decisions and Changing Inputs [J]. Management Science, 1981, 27 (1): 81-92.

[146] Nakata T. Energy-economic models and the environment [J]. Progress in Energy & Combustion Science, 2004, 30 (4): 417-475.

[147] Naughton, Barry. How Much Can Regional Integration Do to Unify China's Markets [C]. paper presented for the Conference for Research on Economic Development and Policy Research, Stanford University, 1999.

[148] Nordhaus W D, Solow R. The Allocation of Energy Resources [J]. Brookings Papers on Economic Activity, 1973, 4 (3): 529-576.

[149] Parsley, David C, and Wei, Shang Jin. Explaining the Border Effect: the Role of Exchange Rate Variability, Shipping Cost, and Geography [J]. Journal of International Economics, 2001, 55 (1): 87-105.

[150] Patterson, M. G. What is energy efficiency? concepts, indicators and methodological issues [J]. Energy Policy, 1996, 24 (5): 377-390.

[151] Patuelli R, Pels E, Nijkamp P. Environmental Tax Reform and Double Dividend [J]. Ssrn Electronic Journal, 2002, 02-095/3 (2-095/3).

[152] Poncet, Sandra. A Fragmented China: Measure and Determinants of Chinese Domestic Market Disintegration [J]. Review of International Economics, 2005, 13 (3): 409-430.

[153] Poncet, Sandra. Domestic Market Fragmentation and Economic Growth in China [C]. The 43$^{rd}$ European Congress of the Regional Science Association, 2003.

[154] Reister, D. B. The link between energy and GDP in developing countries [J]. Energy: The International Journal, 1987, 12 (6): 427-433.

[155] Richmond A K, Kaufmann R K. Is there a turning point in the relationship between income and energy use and/or carbon emissions? [J]. Ecological Economics, 2006, 56 (2): 176-189.

[156] Samuelson, Paul. Theoretical Note on Trade Problem [J]. Review of Economics and Statistics, 1954 (46): 145-164.

[157] Sinton, J. E. and Fridley, D. What goes up: recent trends in China's energy consumption [J]. Energy Policy, 2000 (8): 671-687.

[158] Sinton, J. E. and Levine, M. D. Changing Energy Intensity in Chinese Industry: the relative importance of structure shift and intensity change [J]. Energy Policy, 1994, 22 (3): 239 –255.

[159] Sioshansi, F. Energy electricity and the US economy: emerging trends [J]. The Energy Journal, 1986, 7 (4): 81 –89.

[160] Symons E, Proops J, Gay P. Carbon Taxes, Consumer Demand and Carbon Dioxide Emissions: A Simulation Analysis for the UK [J]. Fiscal Studies, 1994, 15 (2): 19 –43.

[161] Tahvonen O, Salo S. Economic growth and transitions between renewable and nonrenewable energy resources [J]. European Economic Review, 2001, 45 (8): 1379 –1398.

[162] Tol R S J. Carbon dioxide emissions scenarios for the USA [J]. Energy Policy, 2007, 35 (11): 5310 –5326.

[163] Xu, Xinpeng. Have the Chinese Provinces Become Integrated under Reform [J]. China Economic Review, 2002 (13): 116 –133.

[164] York R., Eugene A. R., Thomas D., Stirpat, Ipat and Impact: Analytic Tools for Unpacking the Driving Forces of Environmental Impacts [J]. Ecological Economics, 2003, 46 (3): 351 –365.

[165] Young, Alwyn. The Razor's Edge: Distortions and Incremental Reform in the People's Republic of China [J]. Quarterly Journal of Economics, 2000: 1091 –1135.

[166] Zha D L, Zhou D Q, Ding N. The contribution degree of sub-sectors to structure effect and intensity effects on industry energy intensity in China from 1993 to 2003 [J]. Renewable and Sustainable Energy Reviews, 2009, 13 (4): 895 –902.

[167] Zhang Z X, Folmer H. Economic modelling approaches to cost estimates for the control of carbon dioxide emissions 1 [J]. Energy Economics, 1998, 20 (1): 101 –120.

[168] Zhang Z X. Can China afford to commit itself an emissions cap? An economic and political analysis [J]. Social Science Electronic Publishing, 2000, 22 (6): 587-614.